Heim- und Verdingkinder

TVZ

Simon Hofstetter, Esther Gaillard (Hg.)

Heim- und Verdingkinder

Die Rolle der reformierten Kirchen im 19. und 20. Jahrhundert

T V Z

Theologischer Verlag Zürich

Der Theologische Verlag Zürich wird vom Bundesamt für Kultur mit einem Strukturbeitrag für die Jahre 2016–2018 unterstützt.

Bibliografische Informationen der Deutschen Nationalbibliothek
Die Deutsche Nationalbibliothek verzeichnet diese Publikation in der Deutschen Nationalbibliografie; detaillierte bibliografische Daten sind im Internet über http://dnb.dnb.de abrufbar.

Umschlaggestaltung
Simone Ackermann, Zürich

Druck
Rosch-Buch GmbH, Scheßlitz

ISBN 978-3-290-17895-6

www.tvz-verlag.ch

Inhaltsverzeichnis

Esther Gaillard
Vorwort / Préface ... 7

Simon Hofstetter
Die Rolle der reformierten Kirchen in der damaligen Heim- und Verdingkinderpraxis. Zur Einführung ... 11

Thomas Huonker
Zur Praxis fürsorgerischer Zwangsmassnahmen bis 1981 in der Schweiz: Politisches, soziales und geistiges Umfeld, Akteure, Betroffene ... 29

Loretta Seglias
Protestantische Akteure der Fremdplatzierungspraxis in der Deutschschweiz – eine erste Annäherung ... 61

Pierre Avvanzino
Des acteurs protestants « réveillés » – Dans les dispositifs de protection sociale dès le XIXe siècle, plus particulièrement dans le canton de Vaud ... 73

Lukas Künzler
Die Armenerziehungsanstalt Trachselwald im Kontext der sozialpolitischen Programmatik von Jeremias Gotthelf ... 95

Ernst Guggisberg
Anstalten, Vereine und Verbände – Ein diachroner Überblick über konfessionell getragene Fremdplatzierungen ... 113

Florian Fischer
Handlungsmöglichkeiten der reformierten Kirchen im Prozess der Aufarbeitung ... 133

Manuel Tornare
Enfants placés de force – actions politiques ... 151

Autorinnen und Autoren ... 155

Vorwort

Esther Gaillard

Die fürsorgerischen Zwangsmassnahmen, die in der Schweiz bis 1981 praktiziert wurden, sind ein dunkles Kapitel der Schweizer Geschichte. Betroffene unterschiedlicher Personengruppen – seien es Heim- und Verdingkinder, administrativ Versorgte, Zwangsadoptierte oder andere Betroffene – haben während Jahren an den Folgen ihrer Erfahrungen gelitten und dabei meistens kaum irgendwoher Unterstützung oder Anerkennung erfahren.

Es ist gut und wichtig, dass in den vergangenen Jahren eine breite Aufarbeitung dieser Praxis der Fremdplatzierungen und der fürsorgerischen Zwangsmassnahmen in Gang gekommen ist; nicht nur die Bundesbehörden, sondern auch viele Kantone sowie einzelne Verbände und Institutionen haben die Aufarbeitung je ihrer eigenen Fremdplatzierungspraxis an die Hand genommen. Der Schweizerische Evangelische Kirchenbund (SEK) hat sich von Anfang an an den Aufarbeitungsschritten der nationalen Behörden beteiligt; dies vor dem Hintergrund, dass Vertreter von reformierten Kirchen in der damaligen Fremdplatzierungspraxis, insbesondere im Heim- und Verdingkinderwesen, involviert waren. Wir wissen aus schriftlichen Zeugnissen, dass einzelne Kirchenvertreter sich mit grossem Engagement für das Wohlergehen der ihnen anvertrauten Kinder und Jugendlichen eingesetzt haben; wir wissen aber auch, dass andere Kirchenvertreter sich unbestreitbares Fehlverhalten haben zu Schulden kommen lassen, dass sie weggeschaut oder nichts getan haben, um Leid zu verhindern; oder dass sie schlicht mit der Betreuung der ihnen anvertrauten Kinder und Jugendlichen überfordert waren. Es ist nicht zu bestreiten, dass es innerhalb des damaligen Engagements der kirchlichen Vertreter für von Zwangsmassnahmen betroffene Kinder und Jugendliche zu Verfehlungen kam.

Doch gerade zu diesem Thema bleiben viele Fragen offen, die noch nicht beantwortet werden können. Verschiedene Aufarbeitungsprojekte haben die Fremdplatzierungspraxis von staatlichen Behörden oder von Verbänden untersucht; auch zur katholischen Kirche gibt es wichtige Nachforschungen. Auf Seite der reformierten Kirchen gibt es jedoch erst sehr wenige Untersuchungen. Wir haben daher noch kein umfassendes Bild zu den Fragen:

- Welche Personen aus reformierten Kirchen bzw. aus protestantischen Kreisen beteiligten sich an der Heim- und Verdingkinderpraxis?
- Welches waren genau die Aufgaben von Pfarrpersonen, Kirchenpflegen und weiteren kirchlich Engagierten in diesen Fällen?
- Gab es spezifisch reformierte Eigenheiten in der damaligen Fremdplatzierungspraxis?

Sodann interessiert auch in vorausblickender Perspektive, welche Lehren wir aus der Vergangenheit für das heute Pflegekinderwesen und die Unterbringung von Kindern in Heimen ziehen sowie welche Rolle die reformierten Kirchen darin einnehmen können.

Der Schweizerische Evangelische Kirchenbund (SEK) hat zur Erörterung dieser Fragen am 21. März 2016 in Bern eine Tagung mit dem Titel «Die Rolle der reformierten Kirchen in der damaligen Heim- und Verdingkinderpraxis» durchgeführt und dabei ausgewiesene Fachpersonen gebeten, die genannten Fragen mit Berücksichtigung der Sicht von Betroffenen aus den Erkenntnissen ihrer Forschung anzugehen.

Der vorliegende Band, der vom Schweizerischen Evangelischen Kirchenbund (SEK) und der Dozentur für Diakoniewissenschaft der Universität Bern herausgegeben wird, stellt der interessierten Öffentlichkeit die Tagungsbeiträge vor; zudem enthält er einzelne weitere Fachbeiträge.

Die herausgebenden Institutionen wollen mit dem Tagungsband einen Beitrag zur weiteren Aufarbeitung der Geschichte von Fremdplatzierungen und fürsorgerischen Zwangsmassnahmen leisten und hoffen, dass der Band hierfür wichtige Impulse liefern kann.

Bern/Féchy, im Mai 2017

Préface

Esther Gaillard

Les mesures de coercition à des fins d'assistance pratiquées jusqu'en 1981 dans notre pays sont une page sombre de l'histoire de la Suisse. Les victimes, issues de groupes très divers – enfants placés de force dans des foyers ou des familles, personnes internées par décision administrative, enfants donnés de force à l'adoption ou autres victimes – ont souffert pendant des années des séquelles de ces expériences, la plupart du temps sans que personne ne leur apporte véritablement un soutien ou de la reconnaissance.

Il était important et nécessaire qu'un vaste processus de clarification de cette pratique des placements forcés et des mesures de coercition à des fins d'assistance se soit engagé au cours des dernières années. Les autorités fédérales, mais aussi de nombreux cantons ainsi que certaines associations et institutions se sont penchés sur leurs propres pratiques en matière de placements forcés. La Fédération des Églises protestantes de Suisse (FEPS) s'est associée dès le début aux démarches de clarification des autorités nationales, compte tenu du fait que des représentants des Églises réformées ont été impliqués en particulier dans la pratique des placements forcés d'enfants. Nous savons par des témoignages écrits que certains d'entre eux se sont beaucoup engagés pour le bien-être des enfants et des jeunes qui leur avaient été confiés. Mais nous savons aussi que d'autres ont agi de manière répréhensible, qu'ils ont fermé les yeux ou n'ont rien fait pour éviter cette souffrance, ou ont tout simplement été débordés par la prise en charge des personnes qui leur étaient confiées. Bref : il est incontestable que des fautes ont été commises dans le cadre de l'engagement des représentants des Églises auprès des enfants et des jeunes victimes de mesures de coercition

Et c'est précisément là que restent pour nous de nombreuses questions ouvertes auxquelles nous ne pouvons pas encore répondre. Le placement extrafamilial par des autorités ou des associations a fait l'objet de diverses analyses, et d'importantes recherches ont également été consacrées à l'Église catholique. Par contre, du côté des Églises réformées, les études sont encore très rares. C'est pourquoi il nous manque une vue d'ensemble sur les questions suivantes:

- Quelles sont les personnes issues des Églises réformées et des milieux protestants qui ont participé à la pratique des placements forcés d'enfants ?
- Quelles ont été dans ces cas les tâches précises des pasteurs, des conseillers de paroisse et des autres personnes engagées dans l'Église ?
- Y a-t-il eu des caractéristiques spécifiquement réformées dans la pratique du placement d'enfants ?

Par ailleurs, il nous intéresse aussi de savoir, dans une perspective *tournée vers l'avenir*, quels enseignements peuvent être tirés du passé par rapport à la problématique actuelle du placement d'enfants dans des familles ou des institutions et quels rôles les Églises réformées peuvent jouer dans ce domaine.

Pour discuter de ces questions, la Fédération des Églises protestantes de Suisse (FEPS) a organisé le 21 mars 2016 un colloque à Berne intitulé « Le rôle des Églises réformées dans les placements forcés d'enfants ». Des spécialistes éprouvés ont été invités à apporter des éclairages fondés et reflétant le point de vue de personnes concernées sur les résultats de leurs recherches.

Cet ouvrage, édité par la Fédération des Églises protestantes de Suisse (FEPS) et par l'équipe d'enseignement de science de la diaconie de l'Université de Berne, présente les exposés du colloque à l'intention du public intéressé ; il contient également quelques articles scientifiques complémentaires.

En publiant les actes du colloque, les institutions éditrices souhaitent apporter une contribution à l'analyse de l'histoire des placements forcés et des mesures de coercition à des fins d'assistance, en espérant que cet ouvrage permettra de donner d'importantes impulsions à cette démarche.

Bern/Féchy, mai 2017

Die Rolle der reformierten Kirchen in der damaligen Heim- und Verdingkinderpraxis
Zur Einführung

Simon Hofstetter

Seit dem 19. Jahrhundert waren in der Schweiz zahlreiche Kinder und Jugendliche von Fremdplatzierungen betroffen, d. h. sie wuchsen dauerhaft oder über eine gewisse Zeit ausserhalb ihrer Herkunftsfamilien auf. Die Anlässe für die Fremdplatzierungen waren unterschiedlicher Natur: Zum einen lagen sie in der Armut der oftmals kinderreichen Familien begründet, die nicht mehr alle Kinder zu ernähren vermochten, und daher einzelne von ihnen – zuweilen unter erheblichem Druck – in fremde Obhut abgaben; zum anderen führten auch von den gängigen Normvorstellungen abweichende Lebenssituationen (z. B. die von Alleinerziehenden) dazu, dass Kinder und Jugendliche ihrem Umweld weggenommen und fremdplatziert wurden. Veranlasst wurden die Fremdplatzierungen zumeist von den kommunalen Behörden oder von dafür spezialisierten Organisationen, die die Kinder und Jugendlichen entweder in Pflegefamilien oder in unterschiedliche Formen von Heimen vermittelten.

Fremdplatzierungen von Kindern und Jugendlichen waren im 19. sowie noch in weiten Teilen des 20. Jahrhunderts kein Randphänomen; Schätzungen zufolge betraf dies bis zu fünf Prozent aller Kinder und Jugendlichen, insgesamt mehrere 10 000 oder möglicherweise sogar über 100 000 Personen.[1]

In den vergangenen Jahren wurde eine breite Öffentlichkeit durch biografische Berichte von Betroffenen oder durch die Aufdeckung von Missbrauchsfällen in Heimen auf das Schicksal von ehemals fremdplatzierten Kindern und Jugendlichen aufmerksam. Eine breite Öffentlichkeit erfuhr, dass viele der fremdplatzierten Kinder und Jugendlichen eine überaus harte Kindheit erlebten, in der ihr persönliches Wohl kaum von Interesse war und in der viele von ihnen Ausbeutung und Missbrauch

---

1 Vgl. zur Schätzung: Martin Lengwiler u. a., Bestandesaufnahme der bestehenden Forschungsprojekte in Sachen Verding- und Heimkinder, Basel 2013, 3.

ausgesetzt waren. Viele ehemals fremdplatzierte Kinder und Jugendliche leiden noch heute an den Folgen des in ihrer Kindheit Erlittenen.

Die nationalen Behörden, einzelne Kantone sowie betroffene Institutionen haben seither Schritte zur Aufarbeitung dieses dunklen Kapitels der Schweizer Geschichte unternommen. Der vorliegende Band will zu dieser Aufarbeitung beitragen mit einem Aspekt, dem bislang in der wissenschaftlichen Diskussion noch wenig Beachtung zukam – mit der Frage nach der Beteiligung und der Rolle von reformierten Kirchen und weiteren protestantischen Akteuren in der damaligen Fremdplatzierungspraxis.

Historisch-gesellschaftliches Umfeld

Um die Praxis der Fremdplatzierungen angemessen einzuordnen zu können, ist es erforderlich, sich das sozialhistorische Umfeld des 19. Jahrhunderts zu vergegenwärtigen. Bedingt durch die Industrialisierung und das Bevölkerungswachstum gerieten breite Schichten in Armut und existenzielle Notlagen. Für die praktische Armenfürsorge, in der Regel in der Zuständigkeit der Heimatgemeinden, entstanden darob ausserordentliche Herausforderungen, zumal weder finanzielle Mittel noch Strukturen zur Unterstützung der Armutsbetroffenen vorhanden waren.

Die armenrechtlichen Fremdplatzierungsmassnahmen der Vormundschafts- oder Armenbehörden beinhalteten zum einen eine finanzielle Komponente: Es ging wesentlich darum, eine möglichst kostengünstige Lösung zu finden für die Unterbringung und Versorgung von Kindern aus verarmten Familien, die nicht mehr selber für ihren Nachwuchs aufkommen konnten. Zum anderen ist zu beachten, dass Armut in der damaligen Gesellschaft als «Bedrohung der bürgerlichen Lebensweise»[2] betrachtet und zuweilen kriminalisiert wurde.[3] Die bestimmenden bürgerlichen Kreise erachteten Armut als selbstverschuldet und gene-

---

2 Loretta Seglias, Heimerziehung – eine historische Perspektive, in: Markus Ries/ Valentin Beck (Hg.), Hinter Mauern. Fürsorge und Gewalt in kirchlich geführten Erziehungsanstalten im Kanton Luzern, Zürich 2013, 19–79, 27.

3 Vgl. Ernst Guggisberg, Pflegekinder. Die Deutschschweizer Armenerziehungsvereine 1848–1965, Baden 2016, 86. Neben Fremdplatzierungsmassnahmen bestanden etwa auch bevölkerungspolitische Massnahmen (Heiratsverbot für Personen ohne Vermögen, Verlust von Bürgerrechten) u. a. m. (ebd.).

tisch oder durch Faulheit bedingt.[4] Entsprechend galt es, korrigierend in die verarmten Familien einzugreifen und mit Fremdplatzierungen der Kinder dafür zu sorgen, dass diese aus dem «schlechten Umfeld» entfernt wurden.

Das Ziel war es, die fremdplatzierten Kinder und Jugendlichen durch das Vermitteln von Fleiss und Disziplin «zur Arbeit zu erziehen, zu nützlichen Mitgliedern der Gesellschaft und guten Christen zu machen»,[5] die zukünftig für sich selber sorgen können. Die Erziehung der fremdplatzierten Kinder – mit den zwei Schritten der Korrektion/Exklusion und anschliessenden Reintegration – richtete sich also auf das «kathartische Moment der Arbeit […] und der heilsbringenden Zuwendung zur Religion»[6] aus. Über diese Ziele «scheint ein gesellschaftlicher Konsens […] geherrscht zu haben.»[7] Fremdplatzierungen widerspiegeln also in nicht unwesentlichem Masse «das vorherrschende Familienbild einer vergangenen Gesellschaft»[8] mit den darin vorgegebenen Normen und Werten. Dem Kindeswohl und dem Bewahren des familiären Zusammenhalts kam darin lediglich eine untergeordnete Bedeutung zu.[9]

Formen von Fremdplatzierungen

Im Vordergrund des Forschungsinteresses stehen zwei Hauptformen der Fremdplatzierungen:[10]

—

4 Marco Leuenberger, Armut und Kinderarbeit in der Schweiz, in: ders./Loretta Seglias, Versorgt und vergessen. Ehemalige Verdingkinder erzählen, Zürich 2008, 19–26, 22.

5 Seglias, Heimerziehung (vgl. Anm. 2), 50. Vgl. zur religiösen Konnotation der Vermittlung von Fleiss und Arbeit: Urs Hafner, Heimkinder. Eine Geschichte des Aufwachsens in der Anstalt, Baden 2011, 87f.

6 Guggisberg, Beitrag in diesem Band, 116.

7 Seglias, Heimerziehung (vgl. Anm. 2), 56.

8 Lengwiler, Bestandesaufnahme (vgl. Anm. 1), 12.

9 Vgl. Markus Furrer u. a., Einleitung, in: dies. (Hg.), Fürsorge und Zwang: Fremdplatzierung von Kindern und Jugendlichen in der Schweiz 1850–1980, 7–23, 20. Seglias führt dazu aus, dass «der Schutzraum Kindheit und Jugend, wie wir ihn heute in westlichen Industriestaaten kennen, noch bis ins 20. Jahrhundert hinein nicht oder zumindest kaum einer gelebten Realität entsprach.» (Heimerziehung, vgl. Anm. 2, 23).

10 Es ist im Rahmen dieses Bandes nicht möglich, auch auf weitere Formen fürsorgerischer Zwangsmassnahmen einzugehen (wie z. B. administrative Versorgungen, Zwangsadoptionen, u. a. m.).

Erstens die familiäre Unterbringung bzw. die Familienerziehung (foster care) sowie zweitens die institutionelle Unterbringung bzw. Heimerziehung (residential care).[11]

Mit der familiären Unterbringung ist das Pflegekinder- bzw. Verdingkinderwesen angesprochen: Kinder und Jugendliche wurden bei Privaten, oftmals Bauernfamilien, fremdplatziert bzw. verdingt, wobei die «Arbeitsleistung des Kindes Bestandteil der Platzierungsvereinbarung war»,[12] d. h. sie mussten als Gegenleistung für Kost und Unterkunft ihre Arbeitsleistung in den Betrieb einbringen. Diese Form der familiären Unterbringung war vorwiegend in agrarisch geprägten Flachlandkantonen, insbesondere im Kanton Bern, vorherrschend.[13]
In Städten und katholischen Gebieten hingegen war eher die Heimunterbringung bestimmend. Seit dem ausgehenden 18. Jahrhundert wurden erste Anstalten der stationären Jugendhilfe gegründet. Sie erfuhren sodann im 19. Jahrhundert, dem eigentlichen «Anstaltsjahrhundert», einen gewaltigen Zuwachs, wobei sich diese Institutionen hinsichtlich ihrer Grösse, Lage, Trägerschaften und Akteuren zuweilen deutlich unterschieden. In dieser grossen Diversität der Heimlandschaft macht Guggisberg drei Grundtypen aus, namentlich die Armenerziehungsanstalten in philanthropisch-bürgerlicher Trägerschaft, Rettungshäuser in pietistischer Tradition sowie katholisch geprägte Heime.[14]

Angesichts der Tatsache, dass sich das Armenwesen in der Verantwortlichkeit der Gemeinden befand, sind die zwei genannten Unterbringungsformen als Idealtypen zu verstehen; es ist insgesamt von einer «grossen regionalen und sozialräumlichen Vielfalt der Pflegeverhältnisse»[15] auszugehen.

---

11 Vgl. die Begrifflichkeiten bei Lengwiler, Bestandesaufnahme (vgl. Anm. 1), 14 sowie bei Marco Leuenberger/Loretta Seglias, Fürs Leben geprägt. Lebenswelten fremdplatzierter Kinder in der Schweiz im 20. Jahrhundert, Zürich 2015, 74–80. Hier wird vermieden, von «offener» (für die Familienerziehung) bzw. von «geschlossener» Fürsorge (für die Heimunterbringung) zu sprechen, da die Begriffe offen und geschlossen als kaum geeignet erachtet werden für die sachgerechte Darstellung der beiden Unterbringungsformen.

12 Lengwiler, Bestandesaufnahme (vgl. Anm. 1), 15.

13 Vgl. Leuenberger, Armut (vgl. Anm. 4), 29.

14 Vgl. Guggisberg, Pflegekinder (vgl. Anm. 3), 86. Siehe auch die quantitative Übersicht in seinem Beitrag in diesem Band, 119–124.

15 Lengwiler, Bestandesaufnahme (vgl. Anm. 1) 29.

Macht und Verantwortlichkeit zwischen staatlichen und privaten Instanzen

Die kurze Skizze zu den beiden Hauptformen der Fremdplatzierung von Kindern und Jugendlichen macht deutlich, dass darin Private eine zentrale Rolle spielten – neben Pflegefamilien waren dies private Trägerschaften, die die Gründung und den Betrieb von Heimen verantworteten, namentlich «gemeinnützige Gesellschaften, Armenvereine, lokale Honoratiorenkomitees, Frauenvereine oder Stiftungen»[16] bzw. in katholischen Gebieten Schwesternkongregationen. Ohne die Möglichkeit der Platzierung von Kindern und Jugendlichen bei Familien bzw. ohne das Engagement der privaten Trägerschaften hätte das Fremdplatzierungssystem so nicht funktionieren können.[17] Das öffentliche Armenwesen war also zu weiten Teilen angewiesen auf die privaten Platzierungsmöglichkeiten und in gewissem Masse auch von diesen abhängig.

Aus dieser Situation des Angewiesenseins entwickelte sich eine enge Kooperation zwischen staatlichen und privaten Akteuren, wobei es grundsätzlich die Privaten waren, die für die Aufnahme der fremdplatzierten Kinder und Jugendlichen zuständig waren, während die staatlichen Akteure den Entscheidungsprozess und die Aufsicht verantworteten.[18] Mit der Aufsicht ist nun ein «neuralgischer Punkt»[19] angesprochen: Bisherige Untersuchungen zum System der Fremdplatzierungen sind sich darin einig, dass die enge Verbindung zwischen staatlichen und privaten Akteuren zu einem Fremdplatzierungssystem führte, in dem es vielerorts sowohl im Verdingkinderwesen als auch in der Heimerziehung an einer funktionierenden Aufsicht und Kontrolle fehlte. Verschiedene Bedingungsfaktoren mögen hierfür verantwortlich sein: Zunächst ist festzuhalten, dass staatliche Verantwortlichkeiten zur Kontrolle der Fremdplatzierungen trotz bestehender rechtlicher Vorschriften[20] oftmals vernachlässigt oder gar nicht wahrgenommen wurden; den privaten Akteuren wurde somit ein grosses Machtvolumen zugestanden. Sodann ist anzumerken, dass die Zuständigkeiten in vielen Fällen aufgeteilt bzw.

---

16 Lengwiler, Bestandesaufnahme (vgl. Anm. 1), 35.

17 Vgl. hierzu Seglias, Beitrag in diesem Band, 65–70.

18 Vgl. zur Aufgabenteilung Guggisberg, Pflegekinder (vgl. Anm. 3), 42.

19 Lengwiler, Bestandesaufnahme (vgl. Anm. 1), 29.

20 Zur Rechtslage vgl. Mirjam Häsler, Gesetzliche Entwicklung des Pflegekinderwesens, in: Leuenberger/Seglias, Versorgt und vergessen (vgl. Anm. 4), 81–89.

fragmentiert waren;[21] weder Heimleitungen, noch Vormundschafts- bzw. Armenbehörden oder Vormünder fühlten sich vollauf verantwortlich für das kontrollierte Funktionieren. Schliesslich werden auch personelle Verflechtungen in der kommunal organisierten Armenpflege eine effektive Aufsicht und Kontrolle weitgehend verhindert haben.

Leidvolle Erfahrungen

Wenn es auch Pflegefamilien und Heimverantwortliche gegeben hat, bei denen die fremdplatzierten Kindern und Jugendlichen Zuwendung und Geborgenheit erfuhren und ausreichend versorgt waren, so waren es die genannten Lücken und Unschärfen im System der Kontrolle und Aufsicht, die «Raum für gegenteilige Erfahrungen»[22] liessen.

Es liegen unterdessen zahlreiche Erinnerungsberichte von ehemaligen Heim- und Verdingkindern vor, die von leidvollen Erfahrungen geprägt sind: «Willkürliche Platzierungsentscheide, Isolation und Lieblosigkeit, Arbeitszwang bei Vernachlässigung von Schule und Ausbildung, harte Bestrafung, körperliche Misshandlungen, zum Teil auch sexueller Missbrauch»;[23] dies haben viele fremdplatzierte Kinder und Jugendliche erleiden müssen. In Heimen geschahen Ausbeutung und Misshandlung oftmals unter dem Mantel der «Disziplinierungsmassnahmen» bei Verstössen gegen die Hausordnung;[24] Verdingkinder in Privathaushalten erlebten Leid und Unrecht dadurch, dass sie als Hausangehörige niederen Ranges behandelt und ausgenutzt wurden. «Die meisten Verdingkinder hatten eher den Status von Knechten und Mägden als von Kindern, die zu betreuen waren.»[25]

Dass fremdplatzierte Kinder und Jugendliche zudem des öftern mehrfach umplatziert wurden – Huonker erwähnt, dass eine «amtlich verwaltete Kinderbiografie bis zu 20 und mehr Stationen umfassen»[26] konnte –, führte zu weiteren Beeinträchtigungen des Kindswohls.

---

21 Vgl. dazu Furrer u. a., Einleitung (vgl. Anm. 9), 21.

22 Seglias, Beitrag in diesem Band, 71.

23 Lengwiler, Bestandesaufnahme (vgl. Anm. 1), 36.

24 Vgl. Seglias, Heimerziehung (vgl. Anm. 2), 55f.

25 Mirjam Häsler, Gesetzliche Entwicklung des Verdingkinderwesens, in: Leuenberger/Seglias, Versorgt und vergessen (vgl. Anm. 4), 81.

26 Vgl. Beitrag in diesem Band, 43.

Schritte der Aufarbeitung

Während sich die Gesellschaft während langer Jahre kaum für das Schicksal von fremdplatzierten Kindern und Jugendlichen interessierte, so ist in den vergangenen Jahren einiges in Bewegung geraten und sind über mediale Kanäle die Schicksale einzelner Betroffener von fürsorgerischen Zwangsmassnahmen an die Öffentlichkeit gelangt. Einzelne erzählten in Buchform über ihre Vergangenheit, andere wurden in Dokumentarfilmen portraitiert, es entstanden gut besuchte Kinofilme, und Betroffenenverbände machten medial auf ihre Anliegen aufmerksam.

Verschiedene wissenschaftliche Disziplinen, an vorderster Stelle die Geschichtswissenschaft, sind seit einigen Jahren in die Aufarbeitung der früheren Fremdplatzierungspraxis involviert. Ein Blick in entsprechende Literaturlisten weist auf, dass das Interesse am Thema seit ca. 2005 deutlich angestiegen ist. Bislang wurden eher fallstudienartige Untersuchungen geleistet, die sich an zivilrechtlichen, strafrechtlichen und armenrechtlichen Gesichtspunkten der Fremdplatzierungspraxis orientierten oder aber die stark auf einzelne regionale Akteure bzw. auf Fremdplatzierungsgruppen fokussierten.[27] Dabei sind einige Studien im Rahmen von politischen Aufarbeitungsprozessen entstanden, so in den Kantonen Bern und Luzern.[28]

Grössere politische Debatten zur beschriebenen Fremdplatzierungspraxis sind seit ungefähr 2003 nachzuweisen: Sowohl auf kantonaler wie auf nationaler Ebene wurden mittels Vorstössen Aufarbeitungsprozesse und behördliche Stellungnahmen oder Entschuldigungen verlangt. Erste Kantone haben solche Entschuldigungen bereits ausgesprochen. Der Bundesrat hat im Jahr 2010 bei den administrativ Versorgten sowie im Jahr 2013 generell bei den Opfern fürsorgerischer Zwangsmassnahmen um Entschuldigung für geschehenes Unrecht gebeten. Die Einrichtung des Runden Tischs «Opfer fürsorgerisches Zwangsmassnahmen» unter der Leitung von Luzius Mader, die Wiedergutmachungsinitiative sowie das von den eidgenössischen Räten kürzlich beschlossene Bundesgesetz über die Aufarbeitung der fürsorgerischen Zwangsmassnahmen und

---

27 Vgl. dazu die Übersicht bei Guggisberg, Pflegekinder (vgl. Anm. 3), 39–46.

28 Vgl. Lea Mani u. a., «Die Behörde beschliesst …». Zum Wohle des Kindes? Interdisziplinäre Studie zur Fremdplatzierungspraxis im Kanton Bern 1912–1978, Bern 2010; Markus Ries/Valentin Beck (Hg.), Hinter Mauern. Fürsorge und Gewalt in kirchlich geführten Erziehungsanstalten im Kanton Luzern, Zürich 2013.

Fremdplatzierungen vor 1981 (AFZFG) sind weitere Etappen in der politischen Aufarbeitung.[29]

Den verschiedenen Strängen der Aufarbeitung gemein ist die Einsicht, dass die Aufarbeitung multiperspektivisch erfolgen muss; sie betrifft «die juristisch-finanzielle Ebene (rechtliche Verantwortlichkeiten, Entschädigungsfragen), die historische Ebene sowie die gesellschaftspolitische Ebene (Anerkennung und Unterstützung der Betroffenen, umfassende Wiedergutmachung)».[30]

Die Frage nach der Beteiligung der Reformierten

Bei den verschiedenen Schritten der Aufarbeitung waren stets auch die Kirchen angesprochen, da sie nach allgemeinem Verständnis auch Teil des damaligen Fremdplatzierungssystems waren. Vertreter der reformierten und der römisch-katholischen Landeskirchen haben sich bislang denn auch an verschiedenen Aufarbeitungsschritten beteiligt, so etwa am nationalen Gedenkanlass vom 10. April 2013, am Runden Tisch «Opfer fürsorgersicher Zwangsmassnahmen», am Soforthilfefonds für notleidende Betroffene sowie mit weiteren eigenen Aktionen.

Trotz dieser Beteiligung an den kürzlich erfolgten Aufarbeitungsschritten, ist in historisch-wissenschaftlicher Hinsicht noch keineswegs klar, in welcher Art und Weise und in welchem Ausmass reformierte Akteure in die Praxis der Fremdplatzierungen involviert waren. Während auf katholischer Seite – insbesondere initiiert durch aufgedeckte Missbrauchsfälle in klösterlichen Erziehungsheimen – bereits verschiedene Studien vorliegen und erste vergleichende Schlüsse gezogen werden können, so bestehen zur Rolle reformierter bzw. protestantischer Akteure erst wenige Einzelstudien.

Diese Situation hat der Schweizerische Evangelische Kirchenbund (SEK) zum Anlass genommen, um an einer Tagung vom 21. März 2016 gemeinsam mit ausgewiesenen Fachpersonen die Rolle der reformierten Kirchen in der damaligen Heim- und Verdingkinderpraxis zu untersuchen. Dabei stehen folgende Fragen im Vordergrund:

---

29 Es ist hier nicht der angemessene Ort, um detailliert auf die politische Aufarbeitung einzugehen; hierzu wird verwiesen auf den Beitrag von Manuel Tornare in diesem Band, 151–153.

30 Lengwiler, Bestandesaufnahme (vgl. Anm. 1), 5.

- Welche Personen oder Personengruppen aus reformierten Kirchen bzw. aus weiteren protestantischen Kreisen waren in die Fremdplatzierungspraxis involviert? Welche Aufgaben und Funktionen nahmen sie darin wahr?
- In welcher Beziehung standen die protestantischen Akteure gegenüber den politischen Behörden sowie den weiteren Akteuren im Fremdplatzierungswesen?
- Lassen sich sodann Spezifika einer reformiert (mit)verantworteten Fremdplatzierungspraxis festmachen? D.h. gibt es – bspw. gegenüber katholischen oder nicht-konfessionellen Akteuren – spezifisch reformiert geprägte Elemente oder spezifisch protestantische Einflüsse in der damaligen Fremdplatzierungspraxis?

Verschiedene Beiträge des vorliegenden Bandes (Huonker, Seglias, Avvanzino, Guggisberg, Künzler) gehen diesen Fragen nach. Sie alle haben nicht die Absicht, definitive Antworten vorzulegen, vielmehr versuchen sie, anhand der von ihnen untersuchten Aspekte die Diskussion voranzubringen.

Perspektiven und Ausblick

Sodann beschäftigen sich weitere Beiträge schliesslich mit dem laufenden politischen Aufarbeitungsprozess (Tornare) und skizzieren, welche Handlungsmöglichkeiten sich den reformierten Kirchen im Prozess der Aufarbeitung bieten (Fischer). In diesen Beiträgen wird die Überzeugung betont, dass eine umfassende Aufarbeitung der Problematik unabdingbar ist. Bei dieser Aufarbeitung gehe es jedoch – wie in den Empfehlungen des Runden Tisches festgehalten wurde – nicht so sehr um die Zuweisung von Schuld und Verantwortung, sondern vielmehr darum, «das Ausmass, die Art und die Bedeutung der Probleme zu erkennen, das von den Opfern erlittene Leid und Unrecht anzuerkennen […] sowie Schlussfolgerungen für die Zukunft zu ziehen».[31]

---

31 Bundesamt für Justiz, Fürsorgerische Zwangsmassnahmen und Fremdplatzierungen vor 1981. Bericht und Massnahmenvorschläge des Runden Tisches für die Opfer von fürsorgerischen Zwangsmassnahmen und Fremdplatzierungen vor 1981, Bern 2014.

Zu den einzelnen Beiträgen:

Thomas Huonker weist in seinem einleitenden Beitrag «Zur Praxis fürsorgerischer Zwangsmassnahmen bis 1981 in der Schweiz: Politisches, soziales und geistiges Umfeld, Akteure, Betroffene» darauf hin, dass erste Ansätze der organisierten fürsorgerischen Zwangsmassnahmen in verschiedenen protestantischen Städten bis ins 17. Jahrhundert zurückreichen. Waisen-, Strassen- und Flüchtlingskinder, sodann Arme sowie Fahrende wurden erzwungenen Formen der Fürsorge unterworfen und waren darin oft Gewalt und Ausbeutung ausgesetzt. Im 19. Jahrhundert kam schliesslich eine Konzeption auf, die Armut als «verworfene Form einer verfehlten, von Gottes Ungnade zeugenden Lebensweise» betrachtete, die es auszurotten gelte (siehe dazu die Verweise zu Thomas Robert Malthus und Jeremy Bentham). Neugegründete Anstalten dienten der «Besserung» oder «Rettung» der betroffenen Armen.

Die Massnahmen zur «Einschränkung der Fortplanzung Armer» wurden ausgeweitet – mit Konkubinats- und Eheverboten sowie mit der Einführung von Regelungen zu Zwangsabtreibungen und Zwangssterilisationen. Kirchenvertreter hatten sich damals hierzu unterschiedlich verhalten. Während ein deutscher katholischer Priester, Hermann Muckermann, diese «‹eugenischen› Ideologeme mit Begeisterung aufnahm», so war es gerade Papst Pius XI., der sich in seiner Enzyklika «Casti connubii» (1930) klar dagegen ausgesprochen hatte. Dass die Debatte um Zwangssterilisationen auch hierzulande umstritten geführt wurde, zeigt Huonker anhand einer diesbezüglichen Tagung der Schweizerischen Gemeinnützigen Gesellschaft (SGG) von 1934. Zwar hatten reformierte Vertreter damals die Praxis der Zwangsabtreibungen klar verurteilt und als «eine in Gesetzesform verkleidete Barbarei» bezeichnet, doch hätten sie ihre Position, so Huonker, nicht konsequent genug durchgehalten.

Er führt sodann aus, dass Kindswegnahmen und Fremdplatzierungen oftmals in einem ambivalenten Verhältnis von Freiwilligkeit und Zwang erfolgten. Zwar wurden diese häufig unter Einwilligung der Betroffenen bzw. derer Erziehungsberechtigten fremdplatziert, jedoch sei zu beachten, dass Einwilligungen unter «ökonomische[m] Druck» bzw. aufgrund von «Drohungen, Versprechungen und Tricks» erfolgten. War die Platzierung in einer Anstalt erfolgt, so kamen die Betroffenen oft in «sehr strenge und verrohende Kinderarbeitsplätze», an denen sie zuweilen Körperstrafen ausgesetzt waren. Hilfe leistende Anlaufstellen waren für die Betroffenen kaum vorhanden und Auflehnungen gegen Missstände endeten oftmals in Versetzungen in andere Anstalten.

Dass gerade auch katholische oder reformierte Pfarrpersonen in Heimgremien vertreten waren, führt Huonker an den Beispielen des Erziehungsheims in Drognens (Pater Schweizer als langjähriger Direktor) sowie der Erziehungsstätte in Freienstein (pietistische Personen als Gründer) aus.

Die abschliessenden biografischen Zeugnisse von Gotthard Haslimeier und Karin Bürgisser weisen auf die traumatisierenden Erfahrungen von fremdplatzierten Kinder hin, die in ihrer Kindheit und Jugend von Institution zu Institution «weitergereicht» wurden und dabei häufig physischer und psychischer Gewalt sowie unzulänglichen Betreuungsstrukturen ausgesetzt waren und in mehrfacher Hinsicht Mangel litten.

Loretta Seglias zeichnet in ihrem Beitrag «Protestantische Akteure der Fremdplatzierungspraxis in der Deutschschweiz – eine erste Annäherung» verschiedene «Pisten» nach, «entlang derer die Mitwirkung protestantischer Akteure in der deutschen Schweiz evident werden».

Der Ausgangspunkt ihrer Ausführungen liegt darin, dass die Armenunterstützung wesentlich in kommunaler Verantwortung lag. Angesichts der bloss spärlich vorhandenen Mittel für armenrechtliche Massnahmen suchten die verantwortlichen Gemeinden Fremdplatzierungsorte, an denen die Arbeitskraft der fremdplatzierten Kinder und Jugendlichen eingesetzt wurde und «sie ihren Lebensunterhalt damit zumindest ein Stück weit selbst verdienten». Neben den finanziellen Überlegungen standen die Fremdplatzierung auch im Dienste des sozialdisziplinierenden Ansatzes nach dem Motto «Erziehung zur Arbeit durch Arbeit».

Die Zahl der Fremdplatzierungen war so hoch, dass die betroffenen Gemeinden die organisatorischen und finanziellen Herausforderungen nicht alleine zu bewältigen vermochten – der ab Mitte des 19. Jahrhunderts entstehenden privaten und (zumeist konfessionell ausgerichteten) kirchlichen Wohltätigkeit kam dabei eine gewichtige Rolle zu. Hervorzuheben ist allerdings, dass die Landschaft dieser Wohltätigkeitsinstitutionen angesichts der föderalistischen Strukturen als äusserst vielfältig und heterogen zu bezeichnen ist.

Protestantische Akteure waren zum einen bei Armenerziehungsvereinen involviert. Diese Vereine machten Kinder ausfindig, die ihrer Ansicht nach eine Fremdplatzierung benötigten und arbeiteten hierfür eng mit Gemeindebehörden zusammen; zuweilen waren sie auch mit einem Aufsichtsmandat versehen. Neben Politikern und Verwaltungsbeamten arbeiteten auch reformierte Pfarrpersonen in deren Gremien mit.

Zum anderen erfolgte ab dem 19. Jahrhundert eine Welle von Heimgründungen; auf Initiative von philanthropischen und pietistischen Kreisen wurden rund 250 Anstalten, oftmals sogenannte Rettungs- und Armenerziehungsanstalten, gegründet.

In der Sorge um den Zerfall moralischer Werte in der Gesellschaft entstand ab der Mitte des 19. Jahrhundert die «Sittlichkeitsbewegung»; insbesondere Ehefrauen und Schwestern von Geistlichen organisierten sich in Frauenorganisationen mit dem Ziel, «die Prostitution und den Zerfall der Familie […] zu verhindern»; mit immerhin rund 25 000 Mitgliedern war der Verband der deutschschweizerischen Frauenvereine zur Hebung der Sittlichkeit die grösste Frauenorganisation der Schweiz.

Schliesslich übernahmen auch Ortspfarrer kommunale Ämter in Armen- oder Vormundschaftsbehörden und waren dadurch in unterschiedliche Funktionen der Fremdplatzierungspraxis involviert.

Der skizzierte Überblick zeigt gemäss Seglias das «starke Ineinandergreifen staatlicher und privater Fürsorge» auf, das für das Funktionieren des Systems der Fremdplatzierungen gewiss notwendig war, das aber gleichzeitig meist ohne unabhängige Kontrollen, die Missstände besser hätten aufdecken können, auskam.

Pierre Avvanzino beleuchtet in seinem Beitrag «Des acteurs protestants ‹réveillés› – dans les dispositifs de protection sociale dès le XIXème siècle, plus particulièrement dans le canton de Vaud» den Umgang des Bürgertums im 19. Jahrhundert mit dem aufkommenden Pauperismus. Er verweist darauf, wie die aufkommende Armut breiter Schichten als Gefahr für die öffentliche Ordnung erschien, und wie versucht wurde, dieser Armut zugleich mit strengen Kontrollen und mit der Erziehung zur Arbeit zu begegnen.

Detailliert zeichnet er nach, wie es insbesondere die Bewegung des «Réveil» war, die sich mit grossem philanthropischem Engagement um die Armutsbetroffenen, insbesondere um die Kinder und Jugendlichen bemühte: Die Erweckungsbewegung des «Réveil», die nach 1800 in Genf enstand, entwickelte sich ausserhalb der bestehenden protestantischen Kirchen; ihre Mitglieder lebten eine intensive Frömmigkeitspraxis und betonten die Bedeutung einer persönlichen Wiedergeburt. Die Bewegung entwickelte zudem ein umfangreiches und weitverzweigtes soziales Engagement, etwa in den Bereichen der Schulbildung, der Jugend, des Kampfs gegen den Alkoholismus sowie auch im Anstaltswesen.

Dem Verständnis der Bewegung nach war Armut grundsätzlich mit Müssiggang und lasterhaftem Lebenswandel verbunden; sie intendierten, die armutsbetroffenen Kinder und Jugendlichen in ihren Anstalten (den asiles ruraux oder colonies agricoles) durch schulische Bildung, aber auch durch harte Arbeit und Disziplin zu einem arbeitsamen und gottgefälligen Lebenswandel zu erziehen.

Wenn auch nur eine Minderheit der Bevölkerung dem «Réveil» angehörte, so war sein Einfluss auf prägende gesellschaftliche Schichten doch bedeutsam. Avvanzino zeigt auf, dass sich die politischen Behörden – sowohl auf kantonaler wie auch auf kommunaler Ebene – nur in sehr geringem Masse mit dem vom «Réveil» geführten Anstaltswesen beschäftigten; weder wurden bedeutsame finanzielle Mittel eingesetzt, noch bestanden grundlegende rechtliche Anforderungen oder Kontrollmechanismen gegenüber den Anstalten, so dass deren Verantwortliche mit einem Maximum an Handlungsfreiheiten agieren konnten.

Dieses Fehlen von öffentlicher Aufsicht und Kontrolle führte denn auch dazu, dass sich Anstalten zu sogenannten «totalen Institutionen» entwickeln konnten – Avvanzino führt dies am Beispiel des «asile de Maupas» (gegründet 1927 in Lausanne) aus, in dem «un nouveau monde de type carcéral» geschaffen wurde, in welchem die Betroffenen unter einem unerbittlichen Regime von strenger Disziplin und harter Arbeit sowie ohne jegliche externe Kontakte leben mussten. Trotz zuweilen heftiger Kritik an der Anstalt und dramatischen Vorfällen wurde während langer Zeit nichts verbessert. Avvanzino arbeitet sodann heraus, wie gross die Differenz zwischen Anspruch und gelebter Realität in den Institutionen war: Während die Anstalten Orte christlicher Barmherzigkeit darstellen sollten, erlebten die Kinder und Jugendlichen diese als Orte der Gewalt, der Isolation und der Hoffnungslosigkeit.

Erst um die Jahrhundertwende intensivierten staatliche Behörden ihr soziales Engagement und übernahmen mehr und mehr Aufgaben der bislang privat geführten Institutionen.

Ernst Guggisberg geht in seinem Beitrag «Anstalten, Vereine und Verbände – Ein diachroner Überblick über konfessionell getragene Fremdplatzierungen» auf die institutionelle Landschaft der konfessionell organisierten Fremdplatzierungen ein und trägt hierfür umfangreiches Datenmaterial vor, das die diachrone und geografische Entwicklung sowohl von Anstalten als auch von in die Fremdplatzierungspraxis involvierten Vereinen (v. a. die Armenerziehungsvereine) nachzeichnet. Guggisberg weist zunächst auf das grosse Wachstum der Institutionen zwischen den Stichjahren 1850 und 1930 hin: Deren Zahl hat sich im genannten Zeitraum von rund 150 Institutionen auf rund 1300 knapp verzehnfacht. Während die Anstalten und Vereine zuerst vorwiegend in der reformiert geprägten Deutschschweiz bestanden, so wuchs deren Zahl sodann auch in der Westschweiz sowie auch (in katholischer Trägerschaft) in der Zentralschweiz, wobei der Anteil der reformiert geprägten Institutionen stetig abnahm; 1930 stand noch knapp jede fünfte Institution in reformierter Trägerschaft. Die Aufnahmepraxis für Pflegekinder erfolgte zum grössten Teil (Vereine) bzw. mehrheitlich (Anstalten) geschlechts- und konfessionsneutral, d. h. ein wesentlicher Teil der Institutionen stand sowohl beiden Geschlechtern als auch Angehörigen beider Konfessionen offen.

Ein Spezifikum einer reformiert geprägten Anstaltspraxis sieht Guggisberg (im Vergleich mit der katholischen Praxis) in der Leitungskonzeption der reformierten Heime, die darauf abzielten, über ein Hauselternpaar Familienstrukturen nachzubilden – was in katholischen Anstalten, die oftmals von Ordensleuten geführt wurden, so deutlich weniger vorkam.

In einem nächsten Teil zeichnet Guggisberg nach, wie es in der ersten Hälfte des 20. Jahrhunderts zur Gründung von Dachverbänden für die konfessionell geprägten Anstalten und Vereine kam: Trotz der bestehenden Kontakte zur Gemeinnützigen Gesellschaft und zum Schweizerischen Armenerzieherverein erachteten es Vertreter der reformierten sowie auch der katholischen Institutionen als notwendig, der bestehenden «Zersplitterung» der Institutionen aus der eigenen Konfession entgegenzutreten und durch eigene Verbandsgründungen eine nationale Bündelung zu erreichen mit dem Ziel, eine gemeinsame «Vertretung nach aussen» zu ermöglichen. So wurde auf reformierter Seite 1927 der «Schweizerische Verband für Innere Mission und evangelische Liebestätigkeit» gegründet, als Tochtergründung des 1920 gegründeten Schweizerischen Evangelischen Kirchenbunds. Auf katholischer Seite folgte das Pendant 1932 mit der Gründung des «Schweizerischen katholischen Anstaltenverbands». Beide vertraten die Kritik gegenüber dem Staat, wonach ihrer Ansicht nach die geistige bzw. religiöse Dimension des sozialen Wirkens mehr und mehr in den Hintergrund trete; sie vertraten daher die Forderung, dass der Staat die konfesstionelle Betätigung ihrer Anstalten und Vereine schützen oder gar unterstützen müsse.

In der Mitte des 19. Jahrhunderts litten breite Schichten der Landbevölkerung im Emmental unter der aufkommenden Armut. *Lukas Künzler* widmet sich in seinem Beitrag «Die Armenerziehungsanstalt Trachselwald im Kontext der sozial-politischen Programmatik von Jeremias Gotthelf» der Frage, wie sich der Berner Pfarrer und Schriftsteller Albert Bitzius (bekannt unter seinem Pseudonym Jeremias Gotthelf) sowohl institutionell als auch publizistisch im Armenwesen engagierte.

Den Ausgangspunkt von Künzlers Erörterungen bilden zum einen die Armenerziehungsanstalt Trachselwald, die Gotthelf mitgründete – zunächst als Zweigprojekt des kantonalen Vereins für christliche Volksbildung und dessen Musterprojekt in Bättwyl bei Burgdorf, sodann als selbstständige Institution – sowie zum anderen Gotthelfs sozialpolitische Streitschrift «Die Armennoth».

Künzler stellt fest, dass die Armenerziehungsanstalt in Trachselwald in zweierlei Hinsicht als eine Alternative zu damals entstehenden Anstaltsmodellen verstanden werden kann. Erstens ging es Gotthelf mit der Armenerziehungsanstalt darum, entgegen vorherrschenden Doktrinen der Armenpädagogik ein neues Modell zu entwickeln; eines, das nicht zentralstaatlich organisiert, sondern nahe bei der betroffenen Bevölkerung situiert ist, und das nicht hochgradig bürokratisch durchorganisiert ist, sondern das einen niederschwelligen Zugang und organisatorische Flexibilität erlaubt. Zweitens hebt Künzler hervor, dass es Gotthelf mit der Armenerziehungsanstalt darum ging, eine Alternative zu dem von ihm heftig kritisierten Verdingkinderwesen (insbesondere den Mindeststeigerungen) zu etablieren.

Künzler untermauert dies mit der Feststellung, dass Gotthelf seine Schrift «Die Armennoth» bewusst zum Zeitpunkt der Anstaltsgründung veröffentlichte. Darin versuche er, mit sprachgewaltigen und eindringlichen Bildern die bäuerlichen Kommunalpolitiker wachzurütteln, ihnen den Handlungsbedarf im Armenwesen vor Augen zu führen und damit «die Kommunalbehörden und die Bauern von seinem Konzept zu überzeugen» und der «lokalen Anstalt zum Erfolg [zu] verhelfen».

Wenn sich diese Befunde als zutreffend erwiesen, so müsse das bisherige Bild Gotthelfs in der Öffentlichkeit – bislang als «Propagandist eines konservativen Weltbilds gehandelt» – dahingehend revidiert werden, dass er mit seinem Wirken im Armenwesen «gar an der Spitze einer Reformbewegung» stand.

Florian Fischer geht in seinem Beitrag «Handlungsmöglichkeiten der reformierten Kirchen im Prozess der Aufarbeitung» zunächst auf kirchliche bzw. kirchgemeindliche Archive ein und fragt nach Möglichkeiten zur Erschliessung dort vorhandener und für die Aufarbeitung relevanter Quellen – wohl meistens sogenannter «Überrestquellen», d. h. Akten, die im Rahmen der Tätigkeit einer Kirchgemeinde entstanden und sich auf Personen oder Sachverhalte einer Fremdplatzierung beziehen.

Die kirchgemeindlichen Archive müssen zumeist innerkirchlichen oder gar staatlichen Anforderungen in Bezug auf Ordnung, Aufbewahrung und Sicherung der Daten genügen; jedoch werden die Archive oft nicht durch Fachpersonal geführt, so dass das Bewusstsein um die mögliche Bedeutung der Akten für die Geschichte von Fremdplatzierungen womöglich gering ist. Entsprechend kommt der Sensibilisierung der zuständigen gemeindlichen Stellen grosse Bedeutung zu, damit die Sicherung der relevanten Akten sowie die Zugänglichkeit der Akten für die Betroffenen gewährleistet werden kann.

Allerdings bedarf es nicht nur eines fachlich korrekten Umgangs mit dem vorhandenen Archivmaterial; ebenso gefordert ist ein sensibler und umsichtiger Umgang mit Betroffenen, die mit Anfragen bezüglich Akteneinsicht an die Kirchgemeinden gelangen. Sensibel und umsichtig ist der Umgang mit den Anfragen Betroffener dann, wenn die Anfragen ernst genommen und gründlich bearbeitet sowie wenn bei fachlichen Anfragen Kontakte zu Anlauf- oder Fachstellen bzw. bei persönlichen Anfragen Kontakte ggf. zu Seelsorgerinnen und Seelsorgern vermittelt werden.

Fischer verweist sodann auf das Beispiel der katholischen Kirche in seinem Heimatkanton Luzern, die bei der Aufarbeitung ihres Involviertseins in die Geschichte von Fremdplatzierungen eine aktive Rolle eingenommen hat: Auf Anlass eines Vorstosses in der Synode verabschiedete diese eine Erklärung zu Lebensschicksalen von Heim- und Verdingkindern, es wurde ein Denkmal eingeweiht und mit einer wissenschaftlichen Studie nach den «Ursachen von Gewaltanwendung in kirchlich geführten Erziehungsanstalten im Kanton Luzern» geforscht.

Diese Arbeiten zielten nicht nur auf die Aufarbeitung des Geschehenen, sondern intendierten auch Lernschritte für die Zukunft: U.a. ein neu geschaffener, ökumenischer Leitfaden zum «Schutz vor Grenzverletzungen und sexuellen Übergriffen in der kirchlichen Arbeit» trug zur Förderung einer «Kultur der Achtsamkeit» bei.

Gerade darin sieht Fischer – unter dem Begriff der «Prävention» – eine wichtige Handlungsperspektive für die Kirchen: «Bestehende Strukturen sollten darauf untersucht werden, wo heute Gefahren für Machtmissbrauch oder falsch verstandene Fürsorge bestehen können».

Zum Schluss bietet Nationalrat *Manuel Tornare* mit seinem Beitrag «Enfants placés de force – actions politiques» einen Zugang zur Behandlung der Thematik aus Sicht des nationalen Parlaments. Er betont, dass es bei den laufenden Schritten zur Anerkennung des erfahrenen Unrechts insbesondere darum gehe, den Betroffenen ihre Würde zurückzugeben («redonner de la dignité») und damit zumindest in Ansätzen Gerechtigkeit zu üben («rendre justice»).

Selbstkritisch hält er fest, dass es – wie in anderen Fällen auch – einer zivilgesellschaftlichen Bewegung bedurfte, bis die politischen Behörden auf das Thema aufmerksam und aktiv wurden, und erwähnt hierin insbesondere das Wirken von Betroffenen, Historikerinnen, Schriftstellern und Medien aus dem In- und Ausland.

Die kürzlich erfolgte parlamentarische Debatte zur «Wiedergutmachungsinitiative» mit der grossen Zustimmung zum Gegenentwurf erachtet Manuel Tornare als gelungenen Kompromiss, der von vielen Seiten begrüsst worden sei.

In einem Ausblick weist Manuel Tornare darauf hin, dass unwürdige und gewaltsame Fremdplatzierungen auch und immer noch im (nahen) Ausland geschehen. Dieser Kampf verdiene im politischen Handeln immer noch unsere volle Aufmerksamkeit («mérite […] toute notre attention»).

Zur Praxis fürsorgerischer Zwangsmassnahmen bis 1981 in der Schweiz: Politisches, soziales und geistiges Umfeld, Akteure, Betroffene

Thomas Huonker

Der vorliegende Tagungsband bietet die Gelegenheit, mich zu einer Thematik zu äussern, die aktuell von finanz- und verbandspolitischer Bedeutung ist, und deren kritische Aufarbeitung von der schweizerischen Sozial- und Religionsgeschichte sowie von der Theologie und Sozialethik inskünftig nicht mehr derart links liegengelassen werden sollte, wie dies lange meist der Fall war – die Ausnahmen ausgenommen. Ich möchte in dieser Hinsicht noch den ihr gebührenden Dank an meine Frau Renata Huonker-Jenny aussprechen. Nicht zuletzt dank ihrer steten Unterstützung und dank ihrer Arbeit als Pfarrerin der evangelisch-reformierten Landeskirche des Kantons Zürich war es mir überhaupt möglich, meine teilweise unbezahlten Forschungen in diesem Bereich durchzuführen.

Ohne allzu weit zurückzugehen in die Geschichte der Zwangsmassnahmen auf dem Feld der Armenfürsorge und Armenpolitik, muss ich eingangs darauf hinweisen, dass dies eine sehr alte und sehr lange Geschichte ist.

1. Allgemeines

Waisen-, Strassen- und Flüchtlingskinder wurden im reformierten Zürich schon ab 1637 in eine ziemlich geschlossene Institution mit Arbeitszwang gesperrt, in das Waisenhaus. Dieses war gleichzeitig auch das Zuchthaus für erwachsene Straftäter. Beide Insassengruppen wurden in der dortigen Textilfabrik beschäftigt. Die Unterbringungsverhältnisse im ehemaligen Frauenkloster Oetenbach waren ungesund. Es kam auch zum sexuellen Missbrauch der Schwächeren und Kleineren durch die stärkeren Anstaltsinsassen.[1]

---

1 Vgl. Markus Erb, Das Waisenhaus der Stadt Zürich von der Reformation bis zur Regeneration, Zürich 1981; Maria Crespo, Die Entwicklung des Waisenhauses von

Im protestantischen Bern wurden Arme, die den erzwungenen Formen der Fürsorge unterworfen wurden, im sogenannten Schellenwerk als Strassenreiniger und Abfallentsorger beschäftigt; zur besonderen Erniedrigung und Stigmatisierung mussten sie dabei ein eisernes Gestell mit einer über dem Kopf angebrachten Glocke tragen.[2]

Die Fahrenden, immer wieder Objekte erzwungener Fürsorge, wurden schweizweit entweder eingefangen und eingesperrt, im Ancien Régime oft auch gehängt, oder aber per «Landjägi» und «Bettelfuhr» vom einen Ort in den andern ausgeschafft.[3]

Etwas besser erging es den sogenannten «würdigen Armen». Sie erhielten aufgrund der Einschätzungen der Pfarrer und der sogenannten Stillstände, wie bis ins 19. Jahrhundert die Kirchenpflegen hiessen, am Sonntag in der Kirche, vor versammelter Gemeinde, das sogenannte Armenbrot ausgehändigt. Gelegentlich sprach man ihnen auch etwas Geld oder Stoff für Kleidung zu, oder man liess die Besitzlosen auf Gemeindeland etwas Gemüse anbauen.[4]

Es gab auch Ausgabestellen für Armensuppe und vielenorts den sogenannten Mushafen des Almosenamts. Diese Verteilformen ersetzten in den reformierten Orten die Armenspeisungen an den Klosterpforten, wie sie in den katholischen Orten bis ins zwanzigste Jahrhundert üblich blieben.

War in der katholischen Lehre die Speisung von Bettlern und sonstige Fürsorge für Arme ein gutes Werk, das den Spender vor Gott erhöhte, so war das in der reformierten Theologie und Soziallehre anders, denn dort wurden Glaube und Gnade gegen die guten Werke ausgespielt.[5]

Zürich vom 17. bis in die erste Hälfte des 19. Jahrhunderts, Zürich 2000 (überarbeitet erschienen als: Maria Crespo, Verwalten und Erziehen, Zürich 2001).

2 Vgl. Georg Fumasoli, Ursprünge und Anfänge der Schellenwerke. Ein Beitrag zur Frühgeschichte des Zuchthauswesens, Zürich 1981.

3 Vgl. Thomas Huonker, Fahrendes Volk – verfolgt und verfemt. Jenische Lebensläufe, Zürich ²1990; Thomas Dominik Meier/Rolf Wolfensberger, Eine Heimat und doch keine. Heimatlose und Nicht-Sesshafte in der Schweiz 16.–19. Jahrhundert, Zürich 1998.

4 Thomas Huonker/Peter Niederhäuser, Kloster Kappel – Abtei, Armenanstalt, Bildungshaus, Zürich 2008, 95–101, 113–118. Ergänzend dazu die Hinweise auf die Regelung der frühen Armenpflege in Wädenswil (ZH) in meiner Internet-Publikation «Armenbrot, Armengeld, Armenanstalt, Armensuppe und Armenhaus in Wädenswil von 1803 bis 1820» auf www.thata.net/armenhauswaedenswil.html (01.04.2017).

5 Zur theologischen Abgrenzung reformierter gegenüber katholischer Fürsorgepolitik vgl. u. a. Erwin Joss, Anstalten und reformierte Kirche, in: Jubiläumsbuch 100 Jahre

Gemeinsam mit Betreibern von Manufakturen und Fabriken, Modernisierern der Landwirtschaft sowie zeitgenössischen Pädagogen, die sich allesamt als Philanthropen, als Menschenfreunde, verstanden, und mit dem gemeinsamen Ziel einer prosperierenden, modernen sozialen Ordnung wurde im 19. Jahrhundert angestrebt, die Armut als verworfene Form einer verfehlten, von Gottes Ungnade zeugenden Lebensweise gänzlich auszurotten. Unter Aufnahme von Ideologemen des anglikanischen Pfarrers und Ökonomen Thomas Robert Malthus (1766–1834), aber auch des materialistischen Utilitaristen Jeremy Bentham (1748–1832) und anderer Philosophen, Kirchenleute und Soziallehrer, verbreitete sich die Meinung, mittels Schulung, Hygiene und Steigerung der Produktivität könne die soziale Ordnung eines Landes und schliesslich, nach gründlicher Missionierung und Kolonisierung, der ganzen Welt, einen Status stabilen und kontinuierlichen Fortschritts erreichen, ohne gefährliche, haltlose und lasterhafte Arme, sondern aus lauter rechtschaffenen, arbeitsamen und würdigen Mitchristen bestehend.

So lassen sich insbesondere auch die Ziele der interkonfessionellen Schweizerischen Gemeinnützigen Gesellschaft (SGG) zusammenfassen, die unentwegt Anstalten zur «Besserung» und «Rettung» der «lasterhaften», «liederlichen» und «gefährlichen» Armen gründete oder deren Einrichtung empfahl, und in welcher Theologen respektive Pfarrer, aber auch Politiker, Pädagogen und Unternehmer die Hauptrolle spielten.[6] Die Einrichtung von Zwangsarbeitsanstalten in Sümpfen, von den Insassen trockengelegt, vom Bewuchs gerodet und landwirtschaftlich bewirtschaftet, wurde «Innenkolonisation» genannt.[7]

Für die Geschichte der fürsorgerischen Zwangsmassnahmen, der Armenpolitik und der in diesem Umfeld entwickelten Justizanstalten von

---

schweizerisches Anstaltswesen, hg. vom Verein für Schweizerisches Anstaltswesen anlässlich seines hundertjährigen Bestehens 1844–1944, Zürich 1945, 31–38 sowie Alfons Fuchs, Anstalten und katholische Kirche, im selben Band, 38–43.

6 Vgl. Schweizerische Gemeinnützige Gesellschaft (Hg.), Die Schweizerische Gemeinnützige Gesellschaft und ihre Geschichte. Eine Neuauflage der bestehenden Werke, Zürich 2005; Beatrice Schumacher et. al., Freiwillig verpflichtet. Gemeinnütziges Denken und Handeln in der Schweiz seit 1800, Zürich 2010.

7 Vgl. zu diesem Sprachgebrauch u. a. Otto Kellerhals, Strafanstalt Witzwil. Ein Beispiel von Innenkolonisation durch die Arbeit von Gefangenen und Arbeitslosen, Bern 1925.

Bedeutung waren dabei auch die Impulse, die Malthus für die Einrichtung des englischen Systems der «workhouses» respektive Arbeitsanstalten für Arme gab. Ebenso wichtig waren Jeremy Benthams Ideen für die Gestaltung gut kontrollierbarer und überblickbarer Zuchthäuser (Stichwort «Panoptikum»)[8] sowie zur lückenlosen Kontrolle der Bevölkerung; zu letzterer empfahl Bentham neben einem durchgehenden Bespitzelungs- und Denunziationssystem, wie es allerdings schon in der frühen Neuzeit gerade auch in reformierten Orten wie Genf, Bern, Basel oder Zürich aufgebaut worden war, im Jahr 1804 zusätzlich die eindeutige biometrische Identifizierung der gesamten Bevölkerung mittels Tätowierung einer individuellen Nummer.

2. Eingriffe in das Reproduktionsrecht, insbesondere Zwangssterilisationen

Es war ebenfalls Malthus, der solche Eheverbote für Arme empfahl, wie sie auch in manchen reformierten Regionen der Schweiz des 18. und 19. Jahrhundert als menschenrechtswidrige Verfassungs- und Gesetzesbestimmungen juristische Geltung hatten und von den Autoritäten gehandhabt wurden. Mit der Verweigerung der Eheschliessung für Wenigverdiener sollte die Vermehrung der Armen und damit, wie Malthus meinte, auch der Armut, eingeschränkt werden. Damit diese Eheverbote griffen, musste auch ein Konkubinatsverbot durchgesetzt werden.

Unlogisch bleiben in dieser frühen Bevölkerungs- und Armenpolitik die gleichzeitigen drastischen Sanktionen von Kindsmord und Abtreibung.[9] Erst mit der Einführung der Regelungen zu Zwangsabtreibungen und Zwangssterilisationen wurde die malthusianische Idee, die von Charles Darwin und anderen «Eugenikern» respektive «Rassehygienikern»

---

8 Vgl. Michel Foucault, Surveiller et punir. Naissance de la Prison, Paris 1975; Janet Semple, Bentham's Prison. A study of the Panopticon Penitentiary, Oxford 1993.

9 Eine satirische Kritik an ähnlichen früheren Vorschlägen zur Beseitigung der Armut durch Bevölkerungspolitik, wie sie auch schon vor Malthus vorgebracht wurden, lieferte ein anderer anglikanischer Pfarrer, der Schriftsteller Jonathan Swift (1697–1745), mit seinem «Modest Proposal», publiziert 1729, worin Swift vorschlug, nur einen kleinen Teil der Kinder armer Menschen in Irland überleben zu lassen, den Grossteil aber zu schlachten, als Säuglingsfleisch zu vermarkten, dadurch deren Eltern zu Wohlstand zu verhelfen und somit die Zahl der Armen zu verringern.

begeistert aufgegriffen worden war, zur Einschränkung der Fortpflanzung Armer, die als «entartet» oder «erblich minderwertig» eingestuft wurden, auch in dieser Hinsicht konsequenter umgesetzt.

So weit war es in der Schweiz, von Zürich ausgehend, ab 1892; nach den USA war die Schweiz weltweit der zweite und in Europa der erste Staat, der Operationen zur Unfruchtbarmachung «Minderwertiger» zuliess und förderte.

Auf der einen Seite gab es Kirchenvertreter wie z. B. den katholischen deutschen Priester und Biologen Hermann Muckermann, der diese «rassehygienischen» respektive «eugenischen» Ideologeme mit Begeisterung aufnahm und mit seiner zölibatären Sexualfeindlichkeit amalgamierte. Oder den Burghölzli-Anstaltspfarrer Eduard Blocher, der Psychiater wie Eugen und Manfred Bleuler oder Hans Wolfgang Maier bei der Verbreitung ihrer einschlägigen Theorien und bei der Umsetzung der entsprechenden Praktiken von Kastration, Zwangssterilisation und Zwangsabtreibung als reformierter Theologe legitimierte. Anstaltspfarrer, auch das ist ein wichtiger und konfessionsübergreifender Aspekt kirchlicher Sozialgeschichte, waren den meisten Institutionen zugeordnet, welche fürsorgerische Zwangsmassnahmen durchführten.

Andererseits gab es aber gerade auch von seiten der Kirchen Widerspruch gegen den modernisierten und medizinalisierten Neo-Malthusianismus in seiner «rassenhygienischen» Ausprägung. Wichtig war die Stellungnahme von Papst Pius XI. Es war dem Vatikan nicht entgangen, dass im damaligen Fürsorgewesen neben der bisherigen christlich legitimierten Ideologie der Caritas eine durchaus unchristliche Linie an Einfluss gewann. Diese bezog sich keineswegs auf die Lehre von Barmherzigkeit und Nächstenliebe. In explizitem Gegensatz dazu focht sie mit biologistischen Argumenten in der Nachfolge Darwins und Nietzsches: Die angeblich in der Natur sich manifestierende Durchsetzungskraft des Stärkeren; das Ziel der Herauszüchtung noch Stärkerer, kombiniert mit dem parallelen Ziel der Ausmerzung der Schwächeren und angeblich «Unnützen». Dies sollte dann das Fürsorgewesen überflüssig oder zumindest viel kostengünstiger machen, als es aus der dritten in der damaligen wie heutigen Sozialpolitik einflussreichen Linie heraus, nämlich der liberalen Sparpolitik, ohnehin schon gehalten wurde.

Zwar hatte sich Papst Pius XI. nicht nur durch die Lateranverträge vom 11. Februar 1929 mit dem faschistischen Mussoliniregime arrangiert; vielmehr forderte er in seiner Enzyklika «Quadragesimo anno» vom 15. Mai 1931 auch die «Erneuerung einer ständischen Ordnung» (Absatz 82), worauf sich später insbesondere der spanische Faschistenführer Franco berufen sollte. Aber Papst Pius XI. hatte sich in seiner vorhergehenden Enzyklika «Casti connubii» vom 31. Dezember 1930 klar gegen «Eugenik» und «Rassenhygiene» ausgesprochen, soweit sie über die Asylierung bzw. Einsperrung derjenigen hinausging, deren Fortpflanzung gebremst oder verunmöglicht werden sollte. Denn dies praktizierte gerade auch die katholische Kirche in vielen ihrer Anstalten. Des weiteren hatte er auch nichts dagegen, wenn mittels Eheberatung von Verbindungen abgeraten wurde, aus denen laut Erblichkeitstheorien angeblich «minderwertiger Nachwuchs» zu erwarten war. Pius XI. bekämpfte aber Sterilisation und Kastration sowie Eheverbote und hielt am Grundrecht auf Reproduktion und Familie fest – mit Ausnahme der Priesterschaft und der Ordensleute.

Der Papst schrieb im Einleitungsteil von «Casti connubii»: «Kein menschliches Gesetz vermag das naturhafte und ursprüngliche Recht zur Ehe dem Menschen zu nehmen oder den von Gott im Anfang bestimmten Hauptzweck der Ehe zu beschränken: ‹Wachset und mehret euch.› (Genesis 1, 28)».

In einem eigenen Abschnitt zur «Eugenik» statuierte Pius XI. dann Näheres: «Zu verwerfen sind […] jene bedenklichen Bestrebungen, die zwar zunächst das natürliche Recht des Menschen auf die Ehe, tatsächlich aber unter gewisser Rücksicht auch das Gut der Nachkommenschaft angehen. Es finden sich nämlich solche, die in übertriebener Sorge um die ‹eugenischen› Zwecke nicht nur heilsame Ratschläge zur Erzielung einer starken und gesunden Nachkommenschaft geben – was der gesunden Vernunft durchaus nicht zuwider ist –, sondern dem ‹eugenischen› Zweck den Vorzug vor allen andern, selbst denen einer höheren Ordnung geben. Sie möchten daher von Staats wegen alle von der Ehe ausschliessen, von denen nach den Gesetzen und Mutmassungen ihrer Wissenschaft infolge von Vererbungen nur eine minderwertige Nachkommenschaft zu erwarten ist, auch wenn sie zur Eingehung einer Ehe an sich tauglich sind. Ja sie gehen so weit, solche von Gesetzes wegen, auch gegen ihren Willen, durch ärztlichen Eingriff jener natürlichen Fähigkeit berauben zu lassen, und zwar nicht als Körperstrafe für begangene Verbrechen, noch auch um künftigen Vergehen solcher Schuldiger vorzubeugen, sondern indem sie gegen alles Recht und alle Gerechtigkeit für die weltliche Obrigkeit eine Gewalt in Anspruch nehmen, die sie nie gehabt hat und rechtmässigerweise überhaupt nicht haben kann.»

Weiter steht in der Enzyklika «Casti connubii» (unmittelbar an den oben zitierten Passus anschliessend):

«Sie vergessen zu Unrecht, dass die Familie höher steht als der Staat und dass die Menschen nicht an erster Stelle für die Zeit und die Erde, sondern für den Himmel und die Ewigkeit geboren werden. Und in der Tat, es ist nicht recht, Menschen, die an sich zur Eingehung einer Ehe fähig sind, aber trotz gewissenhaftester Sorge voraussichtlich nur einer minderwertigen Nachkommenschaft das Leben geben können, schon deshalb einer schweren Schuld zu zeihen, falls sie in die Ehe treten, wenn ihnen auch oft die Ehe zu widerraten ist.

Was nun die Obrigkeit angeht, so hat sie über die körperlichen Organe ihrer Untertanen keine direkte Gewalt. Wo keine Schuld und damit keine Ursache für körperliche Bestrafung vorliegt, kann sie die Unversehrtheit des Leibes weder aus ‹eugenischen› noch aus irgendwelchen Gründen direkt verletzen oder antasten.»

Es ist erstaunlich, wie wenig Bedeutung diese Argumente in der schweizerischen Diskussion hatten. Auch in überwiegend katholisch geprägten Regionen, z. B. in den Kantonen St. Gallen oder Schwyz, sind Menschen aus «eugenischen» Gründen zwangssterilisiert worden.[10] Der Schwerpunkt dieser Eingriffe lag aber in reformierten Gebieten wie Zürich, Basel, Bern, dem Waadtland und Genf.

Die Schweizerische Gemeinnützige Gesellschaft (SGG) hielt am 2. Oktober 1934 in Liestal, Basel-Landschaft, eine Tagung ab zum Thema «Das Problem der Verhütung erbkranken Nachwuchses unter besonderer Berücksichtigung der Sterilisationsfrage». Es fällt bei der Lektüre der

---

10 Vgl. Thomas Huonker, Diagnose: «moralisch defekt». Kastration, Sterilisation und Rassenhygiene im Dienst der Schweizer Sozialpolitik und Psychiatrie 1890–1970, Zürich 2003; Thomas Huonker, Postface à l'édition française. Documents historiques récemment découverts et remarques sur l'évolution des attitudes politiques et sociales à l'égard des Roms, des Sintis et des Yéniches depuis la publication du rapport, in: Thomas Huonker/Regula Ludi, Roms, Sintis et Yéniches. La «politique tsigane» suisse à l'époque du national-socialisme, Lausanne 2009, 107–214; Gisela Hauss u. a. (Hg.), Eingriffe ins Leben. Fürsorge und Eugenik in zwei Schweizer Städten 1920–1950, Zürich 2012.

Referate auf, dass selbst die dortigen Kritiker «übertriebener» Formen der «Eugenik» deren Grundgedanken durchaus teilen.

Der erste Referent war der damalige Gynäkologe an der vom Schweizerischen Gemeinnützigen Frauenverein 1901 gegründeten Pflegerinnenschule Zürich, Alfred Reist. Er hatte die Technik, Frauen direkt im Wochenbett, unmittelbar nach der Geburt eines Kindes, das noch nicht hatte verhindert werden können, zwecks Vermeidung weiteren Nachwuchses zu sterilisieren, 1933 als weltweit erster Arzt praktiziert. Dieses Vorgehen, das bei den von der Geburtsanstrengung gezeichneten Frauen auf wenig Widerstand stiess, sie aber zusätzlich schwächte, wurde «Sterilisation post partum» genannt. Das Verfahren war auch kostengünstig, da es keine zusätzliche Hospitalisierung der Sterilisierten erforderte.[11]

Reist sagte unter anderem, es gehe ihm um «die Gefahr der weitergehenden Verseuchung der erbgesunden Bevölkerung mit krankhaften Erbanlagen.»[12] Darunter subsumierte Reist, neben den Psychiatriepatienten, ein breites Spektrum von Zielgruppen, die er insgesamt als «Psychopathen» auffasste: «Das gleiche gilt auch von den Gewohnheitstrinkern, Gewohnheitsverbrechern, Sittlichkeitsverbrechern, Dirnen, Zwangs- und Fürsorgezöglingen etc., die alle durch ihr Verhalten ihre schwere psychopathische Konstitution dokumentieren. Sie werden, wenn sie heiraten und sich vermehren, sehr häufig der Ausgangspunkt minderwertiger Familien und Sippen.»[13]

---

11 Vgl. Alfred Reist, Sterilisierung sofort nach Spontanpartus, in: Schweizerische Medizinische Wochenschrift, Jg. 63/1933, Nr. 39, 980f.

12 Alfred Reist, Das Problem der Verhütung erbkranken Nachwuchses unter besonderer Berücksichtigung der Sterilisationsfrage, in: Schweizerische Zeitschrift für Gemeinnützigkeit, Jg. 73/1934, 409–426, 413.

13 Ebd.

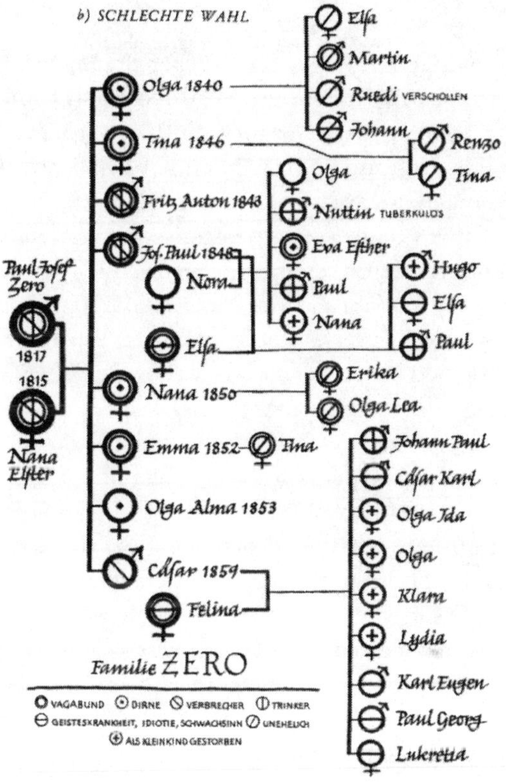

Eine einzige Mißheirat bedeutet oft Entartung und Schädigung des Erbgutes auf Generationen hinaus. Kranke, körperlich und geistig mißratene Kinder bringen Kummer, Leid und Not, wenn nicht gar Schande für die Eltern.

Grafik von Felix Hoffmann in der Propagandaschrift des Schweizer «Eugenikers» Werner Schmid: «Jung-Schweizer! Jung-Schweizerinnen! Das Schicksal des Vaterlands ruht in Euch!» (1939). Sie basiert auf den familienpsychiatrischen Forschungen von Josef Jörger (vgl. Anm. 14).

Als «Beweis» für diese Einstufungen, welche weiter gingen als die der deutschen Erbgesundheitsgerichte, verwies Reist auf die Genealogien der jenischen Familien Moser und Stoffel, welche der Graubündner Psychiater Josef Jörger 1905 und 1918 publiziert hatte, «Familien, in denen es von Vagabunden, Trinkern, Dirnen, Verbrechern, Psychopathen und Idioten nur so wimmelte».[14]

Es war ein reformierter Theologe, der Zürcher Fraumünsterpfarrer Hermann Grossmann, der als Konterpart zu Alfred Reist, dem Hauptbefürworter der «Eugenik» an dieser Tagung, auftrat. Grossmann kritisierte die Praxis in Nazideutschland. Dort wurden seit Erlass des «Gesetzes zur Verhütung erbkranken Nachwuchses» am 14. Juli 1933 die meisten Insassen psychiatrischer Kliniken, beispielsweise die mit der Bleulerschen Diagnose «Schizophrenie» Etikettierten, aber auch körperlich Behinderte und Alkoholiker, in Ausführung der Entscheide sogenannter «Erbgesundheitsgerichte» zwangsweise sterilisiert; man schätzt die Zahl der Opfer auf über 400 000.[15]

Grossmann sagte: «Die Einrichtung eines solchen Inquisitionsgerichtes, das überall Erbschäden aufschnüffeln und die davon Betroffenen mit Polizeigewalt auf den Operationstisch schleppen soll, ist eine in Gesetzesform verkleidete Barbarei.»[16]

Grossmann kritisierte auch die Vorstellung der auf einer Rasseneinteilung gründenden Diskriminierung, Menschenzüchtungspläne sowie das Ziel der Ausmerzung der Schwachen. Jedoch ging der Fraumünsterpfarrer davon aus, dass es «die Intention dieses Gesetzes und anderer rassenhygienischer Bestrebungen in andern Ländern ist, dem Volkswohl zu dienen».[17] Er meinte auch: «Der feurige Südländer, der kühlere Nordländer sind blut- und bodenbedingte Erscheinungen.»[18]

---

14 Reist, Problem (vgl. Anm. 12), 413. Vgl. Josef Jörger, Die Familie Zero, in: Archiv für Rassen- und Gesellschaftsbiologie einschliesslich Rassen- und Gesellschafts-Hygiene, Jg. 2/1905, 495–559; ders., Die Familie Markus. Festgabe zu August Forels 70. Geburtstag, in: Zeitschrift für die gesamte Neurologie und Psychiatrie, Berlin 1918, 76–116.

15 Vgl. Gisela Bock, Zwangssterilisation im Nationalsozialismus. Studien zur Rassenpolitik und Frauenpolitik, Opladen 1986.

16 Hermann Grossmann, Erstes Votum, in: Schweizerische Zeitschrift für Gemeinnützigkeit, Jg. 73/1934, 426–435, 431.

17 Grossmann, Votum (vgl. Anm. 16), 427.

18 Grossmann, Votum (vgl. Anm. 16), 433.

Dementsprechend war Grossmann nicht abgeneigt, dem «Typus» des Berners oder Appenzellers und deren «Disposition» und «Veranlagung» ebenfalls eine «Erbschaft des Blutes» zuzuschreiben.[19]

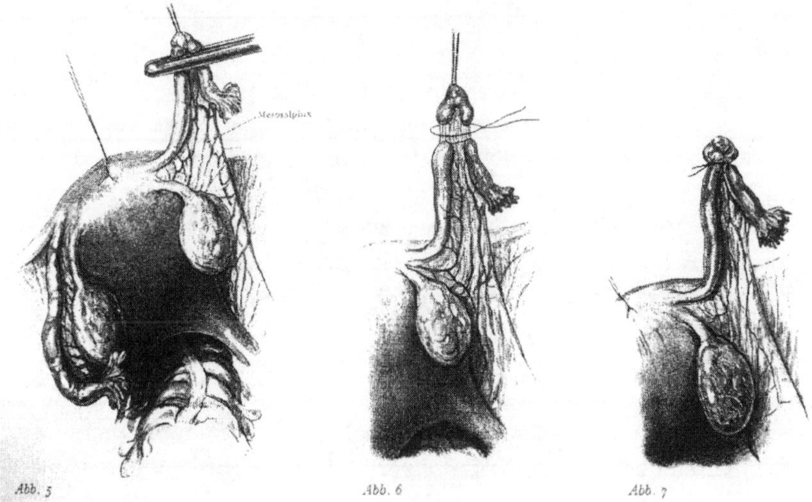

Abb. 5. Der Eileiter ist etwas fimbrienwärts von der Mitte vorsichtig angehoben; die Quetschklemme ist angesetzt.
Abb. 6. Umschnürung der Quetschfurche durch einen Faden.
Abb. 7. Zustand nach Beendigung der Operation.

Sterilisierung nach Madlener.

Zur medizinischen Unfruchtbarmachung gibt es verschiedene Methoden. Hier wird die Sterilisation der Frau nach der oft angewendeten Methode des deutschen Chirurgen und SS-Mannes Max Madlener (1898–1989) gezeigt (Darstellung aus einem Fachbuch der 1930er Jahre). In der Schweiz wurde auch die Röntgenkastration angewandt (Bestrahlung der Eierstöcke oder der Hoden).

Nichts zu kritisieren fand er an der gängigen Schweizer Praxis der sogenannten «freiwilligen Sterilisation» aus «eugenischen» Gründen. Dabei übersah Grossmann, was aus den damals erstellten Akten und aus der neueren Forschung heraus klar ersichtlich ist, nämlich den Zwangscharakter solcher Operationen. Die Unterschrift zur Einwilligungserklärung leisteten sehr viele Betroffene unter dem nicht zu unterschätzenden

---

[19] Ebd.

Druck der angedrohten Alternative einer langjährigen Anstaltsinternierung.[20]

Eigentlich hätten die Juristen jeden Mediziner, der solche Eingriffe vornahm, wegen Körperverletzung anzeigen und verurteilen müssen, ebenso die psychiatrischen Gutachter, welche zu diesen Massnahmen rieten. Das taten sie aber nicht, weil diese beiden Berufsgattungen im Vorfeld aussergesetzliche Übereinkünfte mit Justizinstanzen vereinbart hatten, wonach diese Operationen nicht als Körperverletzungen eingestuft werden sollten.

An der SGG-Tagung in Liestal wies der freisinnige Regierungsrat Ernst Erny (1884–1956), Basel-Landschaft, darauf hin, dass diese Überlegungen auch in die Vorbereitung des neuen schweizerischen Strafgesetzbuches von 1937 eingehen würden.

Erny sagte: «Das im Wurfe liegende schweizerische Strafgesetzbuch sieht für den Fall der schweren Körperverletzung eine Formulierung des Tatbestandes vor, die die Streitfrage, ob bei Zustimmung eines Menschen ein ärztlicher Eingriff zu seiner Unfruchtbarmachung straffrei sei oder nicht, praktisch bedeutungslos macht. Es stellt die Verletzung eines ‹wichtigen Organes oder Gliedes eines Menschen› nur dann unter Strafe, wenn diese einen Menschen ‹arbeitsunfähig, siech oder geisteskrank macht, oder sein Gesicht arg und bleibend entstellt, oder eine andere schwere Schädigung der körperlichen oder geistigen Gesundheit verursacht›. Vom Verlust des Zeugungsvermögens ist hier nicht die Rede, die auf dessen Vernichtung sich richtende Handlung ist demgemäss straffrei,

---

20 Vgl. Geneviève Heller u. a., Rejetées, rebelles, mal adaptées. Débats sur l'eugénisme, Pratiques de la stérilisation non volontaire en Suisse romande au XXe siècle, Genève 2002; Thomas Huonker, Anstaltseinweisungen, Kindswegnahmen, Eheverbote, Sterilisationen, Kastrationen, Fürsorge, Zwangsmassnahmen, «Eugenik» und Psychiatrie in Zürich zwischen 1890 und 1970. Bericht des Sozialdepartements Zürich mit einem Vorwort von Stadträtin Monika Stocker, Zürich 2002; Thomas Huonker, Fürsorgerische Zwangsmassnahmen in Adliswil von 1890 bis 1970, Basel 2006; Roswitha Dubach, Verhütungspolitik. Sterilisationen im Spannungsfeld von Psychiatrie, Gesellschaft und individuellen Interessen in Zürich (1890–1970), Zürich 2013; Regina Wecker u. a., Eugenik und Sexualität. Die Regulierung reproduktiven Verhaltens in der Schweiz 1900–1960, Zürich 2013.

wenn die Zustimmung vorliegt und nicht eine der genannten Folgeerscheinungen eingetreten ist.»[21]

Diese ohnedies problematischen juristischen Verrenkungen sind allerdings zu konfrontieren mit Forschungen, die schon vor geraumer Zeit die gravierenden psychischen Folgen solcher Operationen belegten.[22]

So viel zu den Zwangssterilisationen und ihren ideologischen Hintergründen.

Weitere Zwangsmassnahmen, bei denen versucht wurde, den formellen Schein der Freiwilligkeit zu wahren, während gleichzeitig starker Druck ausgeübt wurde, sind die Zwangsabtreibung und die Zwangsadoption.[23]

3. Hinweise zu Zwang, Freiwilligkeit und religiösen Aspekten in Heimen und Anstalten

Es kam durchaus vor, dass Kindswegnahmen und Fremdplatzierungen unter Einwilligung der Eltern oder des verbliebenen Elternteils oder anderer Verwandter vorgenommen wurden; in diesen Fällen war aber oft der ökonomische Druck ausschlaggebend. Diesem waren vor allem Angehörige der Unterschichten ausgesetzt, und unter diesen vor allem ledige, geschiedene und verwitwete Elternteile.

Gelegentlich wurden insbesondere schlecht ausgebildete erwachsene Mündel durch Drohungen, Versprechungen oder Tricks dazu gebracht, ihre Bevormundung freiwillig zu verlängern.

Bevormundung und Entmündigung, ebenso wie die Eheverbote und die Durchsetzung des Konkubinatsverbots, waren aber im Prinzip Massnahmen, die an keine Einwilligung der Betroffenen gebunden waren. Es waren amtlich verfügte Zwangsmassnahmen, oft mit psychiatrischen

---

21 Ernst Erny, Zweites Votum, in: Schweizerische Zeitschrift für Gemeinnützigkeit, Jg. 73/1934, 435–440, 437f.

22 Vgl. Alois Holenstein, Nachuntersuchungen bei 95 aufgrund psychiatrischer Indikation sterilisierter Frauen, Bern 1952; Peter Alfons Hoppeler, Nachuntersuchungen von 100 aufgrund psychiatrischer Indikation ohne vorherige Interruptio graviditatis sterilisierten Frauen, Bern 1954.

23 Zu letzterer vgl. Fredi Lerch, Zwangsadoption. Eine zeitgeschichtlich-journalistische Recherche im Auftrag des Vereins netzwerk-verdingt, Bern 2014.

Gutachten legitimiert und bei Bedarf von den Zuständigen mittels Polizeigewalt durchgesetzt.

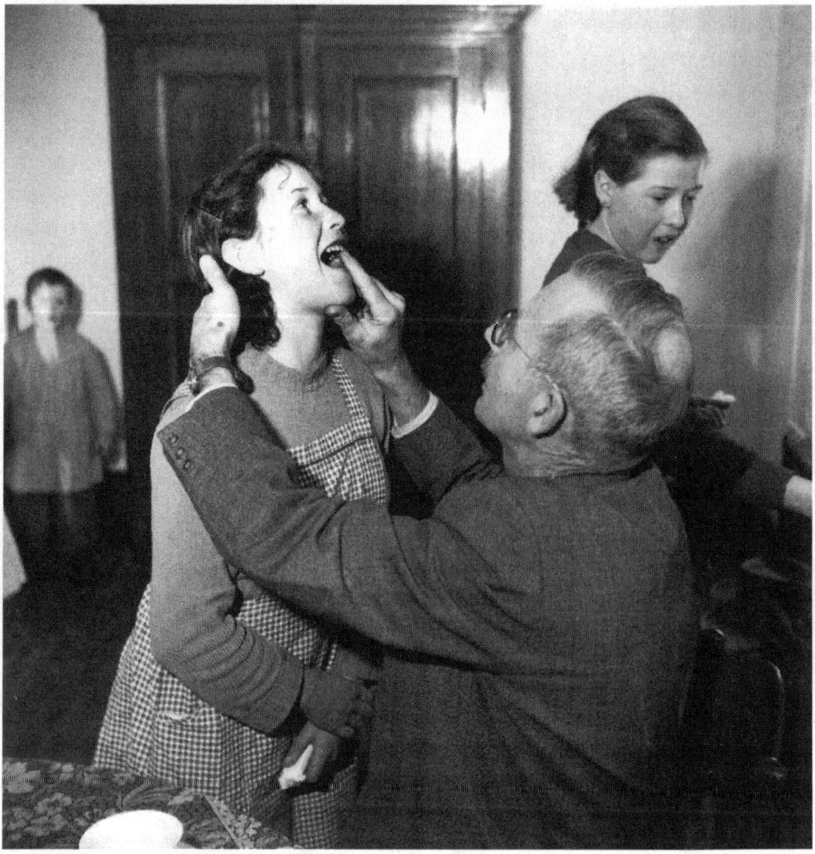

Dr. phil. Alfred Siegfried (1890–1972) wurde 1924 wegen sexuellen Missbrauchs eines Schülers in Basel als Gymnasiallehrer entlassen, konnte aber im Zürcher Zentralsekretariat der Stiftung Pro Juventute als Leiter der Abteilung «Schulkind» das sogenannte «Hilfswerk für die Kinder der Landstrasse» aufbauen und von 1926 bis 1958 leiten. Er war Vormund über Hunderte jenischer und anderer Mündel. Foto: Hans Staub, 1953 © Hans Staub / Fotostiftung Schweiz.

Von der Polizei wieder eingefangen wurden auch Verding- und Heimkinder, welche den zugewiesenen Plätzen entflohen. Dies waren oft sehr strenge und verrohende Kinderarbeitsplätze. Die Flüchtigen, meist Hilfe suchend unterwegs zu den Verwandten, von denen sie getrennt worden waren, wurden im Fahndungsregister ausgeschrieben, verhaftet und wieder dorthin geführt, wo die Vormunde sie haben wollten. Auch wenn sie nicht hinter Mauern und Gitter gesperrt wurden, gab es dennoch kein Entrinnen.

Auch hier konnte zusätzlich eine kinderpsychiatrische Begutachtung respektive ein Aufenthalt in einem psychiatrisch bestückten «Beobachtungsheim» als Legitimation der Massnahmen und Platzierungen dienen.

Die Zahl der Fremdplatzierungen konnte im Verlauf einer amtlich verwalteten Kinderbiografie bis zu 20 und mehr Stationen umfassen. Erst spät, ab den 1960er Jahren, wurde auch in der Schweiz darauf hingewiesen, dass jede Umplatzierung eine zusätzliche Traumatisierung bedeutet und somit eine Schädigung des Kindswohls, dem sie angeblich dienen sollte.[24]

Aufenthaltszuweisungen betrafen aber auch Erwachsene, die teilweise lebenslänglich in den schweizerischen Korrektions- und Zwangsarbeitsanstalten verblieben.[25] Die Zwangsarbeitsanstalten wurden gelegentlich auch Arbeitskolonie oder Armenanstalt genannt, letzteres im Fall der von den lokalen reformierten Kirchgemeinden betriebenen Institution in den Gebäuden des ehemaligen Klosters Kappel, Zürich,[26] oder sie wur-

24 Vgl. u. a. Peter Schwarzenbach, Milieuwechsel am Beispiel der Aufnahme von Kindern und Jugendlichen in Heime, Anstalten und Kliniken, Zürich 1968; Marco Leuenberger/Loretta Seglias, Versorgt und vergessen. Ehemalige Verdingkinder erzählen, Zürich 2008; Sara Galle/Thomas Meier, Von Menschen und Akten. Die Aktion «Kinder der Landstrasse» der Stiftung Pro Juventute, Zürich 2009; Markus Furrer u. a. (Hg.), Fürsorge und Zwang. Fremdplatzierung von Kindern und Jugendlichen in der Schweiz 1850–1980. Entre assistance et contrainte, Le placement des enfants et des jeunes en Suisse 1850–1980 (Itinera 36 / Beiheft zur Schweizerischen Zeitschrift für Geschichte), Basel 2014; Marco Leuenberger/Loretta Seglias, Geprägt fürs Leben. Lebenswelten fremdplatzierter Kinder in der Schweiz im 20. Jahrhundert, Zürich 2015.

25 Vgl. Sabine Lippuner, Bessern und Verwahren. Die Praxis der administrativen Versorgung von ‹Liederlichen› und ‹Arbeitsscheuen› in der thurgauischen Zwangsarbeitsanstalt Kalchrain. 19. und frühes 20. Jahrhundert, Frauenfeld 2005; Sybille Knecht, Zwangsversorgungen. Administrative Anstaltseinweisungen im Kanton St. Gallen 1872–1971, St. Gallen 2015.

26 Vgl. Huonker/Niederhäuser, Kloster Kappel (vgl. Anm. 4).

den auch Männerheim genannt, wie im Fall einer anderen Arbeitsanstalt im Kanton Zürich.[27]

Die arbeitsfähigen Insassen der Armenanstalt Kappel am Albis ZH (deren Trägerschaft die umliegenden reformierten Kirchgemeinden waren) arbeiteten in der Landwirtschaft, der Gärtnerei, der Wäscherei oder im Hausdienst. Das Bild zeigt Rodungsarbeiten um 1925 und stammt aus dem Fotoalbum von Verwalter Hans Hofmann, der dieses Amt von 1903 bis 1939 innehatte.

Die per Behördenbeschluss ohne Gerichtsverfahren in solchen Institutionen Internierten sind die administrativ Versorgten im engeren Sinn.[28]

---

27 Vgl. Thomas Huonker, Wandlungen einer Institution. Vom Männerheim zum Werk- und Wohnhaus, Zürich 2003.

28 Vgl. u. a. Annelies Leuthardt, Die Anstalten in Hindelbank BE, Aarau 1979; Dominique Strebel, Weggesperrt. Warum Tausende in der Schweiz unschuldig hinter Gittern sassen, Zürich 2010; Tanja Rietmann, «Liederlich» und «arbeitsscheu». Die administrative Anstaltsversorgung im Kanton Bern 1884–1981, Zürich 2013; Philippe Bienz, L'internement administratif dans le canton de Fribourg, Fribourg 2015; Yves Collaud u. a., Rapport historique sur les dispositifs vaudois d'internement administratif, 1900–1970, Lausanne und Fribourg 2015; Vanessa Bignasca, Ricerca preliminare

Einweisende Stellen waren heimatliche oder wohnörtliche Gemeinde-, Bezirks- oder Kantonsbehörden, bei Staatenlosen und Flüchtlingen der Bund. In den Behörden auf Gemeindeebene waren sowohl katholische als auch reformierte Pfarrer sehr gut vertreten, dies auch deswegen, weil die Armenfürsorge im Ancien Régime und im 19., ja vielerorts bis weit ins 20. Jahrhundert hinein, ganz oder teilweise eine kirchliche Angelegenheit blieb.

Auch im inneren Betrieb solcher Institutionen, die Erving Goffman als «totale Institutionen» definierte und analysierte,[29] herrschte, und zwar in den Anstalten für Erwachsene wie für Kinder und Jugendliche, unter anderem aus Gründen einer zwar rationellen, aber auch seriellen und uniformierenden Effizienz, ein kasernenmässiges Zwangsregime mit Esssälen, mit teilweise grossen Schlafsälen, mit Appellen zur Arbeitsverteilung, mit Arreststrafen, oft auch mit Körperstrafen. Letztere wurden teilweise bis Ende des 20. Jahrhunderts praktiziert, am längsten in Kinderheimen und Erziehungsanstalten.[30]

Es konnte dabei, einesteils aus Überforderung der Zwangserzieher, andernteils aber auch aus Machtgenuss, Sadismus und fehlgeleiteter Sexualität, zu eigentlichen Gewaltspiralen kommen.[31]

---

sulle misure coercitive a scopo assistenziale e sul collocamento extrafamiliare nel Cantone Ticino 1900–1981, Bellinzona 2015.

29 Vgl. Erving Goffman, Asyle. Über die soziale Situation psychisch kranker Patienten und anderer Insassen, Frankfurt a. M. 1972.

30 Noch für die 1990er Jahre dokumentiert das Fredi Lerch in seinem Beitrag zum Buch über die Erziehungsanstalt «Auf der Gruben» in Koniz: Fredi Lerch, Ein Blick zurück, in: Stiftung Schulheim Ried (Hg.), «Gruebe», Bern 2013, 13–63, 49.

31 Vgl. Stephanie Klein, Gewalt und sexueller Missbrauch in kirchlich geführten Kinderheimen, in: Markus Ries/Valentin Beck (Hg.), Hinter Mauern. Fürsorge und Gewalt in kirchlich geführten Erziehungsanstalten im Kanton Luzern, Zürich 2013, 301–338; Wolfgang Hafner, Pädagogik, Heime, Macht – eine historische Analyse, Zürich 2014; Martina Akermann u. a., Kinder im Klosterheim. Die Anstalt St. Iddazell Fischingen 1879–1978, Frauenfeld 2015; Anne-Françoise Praz u. a., Enfants placés à l'institut Marini de Montet (FR). Discriminations, maltraitances et abus sexuels. Recherche historique indépendante, réalisée à la demande de Mgr. Morerod, évêque du diocèse de Lausanne, Genève et Fribourg, Fribourg 2016.
Aus der neueren deutschsprachigen Literatur zu dieser Thematik seien hier erwähnt: Marin Baldus/Richard Utz (Hg.), Sexueller Missbrauch in pädagogischen Kontexten. Faktoren, Interventionen, Perspektiven, Wiesbaden 2001; Jörg Michael Fegert/Mechthild Wolff (Hg.), Sexueller Missbrauch durch Professionelle in Institutionen –

Die Betroffenen hatten nur sehr selten Anlaufstellen, die ihnen Hilfe geboten hätten. Die Aufsichtsgremien versahen ihre Pflicht meist in erster Linie als Kontrolleure eines strikten Sparregimes zwecks Schonung von Steuergeldern, kombiniert mit einem jährlichen oder auch halb- oder vierteljährlichen Festessen. Alle fünfundzwanzig oder fünfzig Jahre war dann noch die Abfassung einer schönen Jubiläumsschrift fällig.

Die Reklamationen oder Rekurse der Eingewiesenen wurde teilweise nicht weitergeleitet, teilweise kurz und zynisch abgefertigt. Nur wenigen gelang es, ihre Beschwerden vor Gericht zu erläutern, und nur ganz wenige hatten Erfolg mit ihren Rechtsbegehren. Dies oft erst, wenn sie ein Presseorgan für ihre Probleme interessieren konnten.

Vielfach endeten solche Auflehnungen mit der Versetzung in eine noch härtere Anstalt. So erging es einem in der Armenanstalt Kappel am Albis administrativ Internierten. Nach Beschwerdebriefen und Hilfeersuchen an seinen sozialdemokratischen Parteifreund und damaligen Zürcher Regierungsrat Jakob Kägi wurde er nicht freigelassen, sondern in die psychiatrische Klinik Rheinau ZH überführt.[32]

Nicht selten wurden auch renitente Kinder zusammen mit Erwachsenen in psychiatrischen Kliniken interniert, oft in deren geschlossenen Abteilungen.

Prävention und Intervention. Ein Werkbuch, Weinheim ²2006; Wilhelm Damberg u. a. (Hg.), Mutter Kirche – Vater Staat? Geschichte, Praxis und Debatten der konfessionellen Heimerziehung seit 1945, Münster 2010; Horst Schreiber, Im Namen der Ordnung. Heimerziehung in Tirol, Innsbruck/Wien 2010; Sabine Andresen/Wilhelm Heitmeyer (Hg.), Zerstörerische Vorgänge. Missachtung und sexuelle Gewalt gegen Kinder und Jugendliche in Institutionen, Weinheim/Basel 2012; Reinhard Sieder/Andrea Smioski, Der Kindheit beraubt. Gewalt in den Erziehungsheimen der Stadt Wien, Innsbruck/Wien 2012; Jörg Michael Fegert u. a., Sexueller Kindesmissbrauch – Zeugnisse, Botschaften, Konsequenzen. Ergebnisse der Begleitforschung für die Anlaufstelle der Unabhängigen Beauftragten der Bundesregierung zur Aufarbeitung des sexuellen Kindesmissbrauchs, Frau Dr. Christine Bergmann, Weinheim und Basel 2013; Michaela Ralser/Reinhard Sieder, Die Kinder des Staates/Children of the State (Österreichische Zeitschrift für Geschichtswissenschaften 25), Innsbruck/Wien 2014; Birgit Bütow u. a. (Hg.), Sozialpädagogik zwischen Staat und Familie. Alte und neue Politiken des Eingreifens, Wiesbaden 2014. Auf www.kinderheime-schweiz.ch/kinderheime_schweiz_literatur_liste.php (01.04. 2017) kann dazu eine umfangreiche Literaturliste konsultiert werden.

32 Huonker/Niederhäuser, Kloster Kappel (vgl. Anm. 4), 146–150.

Gemäss den Worten aus mehreren Sequenzen des alten und des neuen Testaments zu Sohnesliebe und Züchtigung,[33] aber im Widerspruch zu Johann Heinrich Pestalozzi, der Körperstrafen ablehnte, praktizierten und propagierten viele Heimerzieher Körperstrafen.

Vor diesen Hintergründen war die im Schrifttum dieser Kreise vertretene Auffassung, in den Kinderheimen, die im 19. Jahrhundert oft «Rettungsanstalten» hiessen, seien edle Wohltäter am Werk gewesen, die die Seelen der Kinder vor der «Verwahrlosung» zu retten hatten, fehl am Platz.

Dies gilt gerade auch dann, wenn die Kinder im Elternhaus oder als Strassen- und Bettelkinder schon Opfer von Missbrauch, Vernachlässigung oder Gewalt gewesen waren. Sie hatten es im Heim oder als Verdingkinder allzu oft eben gerade nicht besser als in der Lage, aus der sie angeblich «gerettet» werden sollten. Das ist der Skandal, nicht die Massnahme der Fremdplatzierung als solche.

Die Tonalität der Schriften mancher Fachkräfte der Heimerziehung ist oft schwer nachvollziehbar. Die kürzlich erschienen Bücher von Urs und Wolfgang Hafner [34] geben davon zahlreiche Kostproben.

Eine weitere stammt von Pater Bonaventura Schweizer (1893–1968), langjähriger Direktor des Erziehungsheims St. Nicolas in Drognens, Fribourg, und Schweizer Provinzoberer der Salvatorianer von 1947–1953. Die Salvatorianer betrieben auch das Institut Marini in Montet, Fribourg, zu dem kürzlich ein informativer und kritischer Bericht publiziert worden ist.[35] Bonaventura Schweizer publizierte 1950 im Caritas-Verlag Luzern einen Separatdruck seines Artikels «Selbstbestimmung und Disziplin bei männlichen Zöglingen».[36]

Schweizers Auffassung von Selbstbestimmung und Strafe ist ein weiterer Aspekt von angeblicher Freiwilligkeit und Zwang im Fürsorgewesen. Schweizer schildert die Bestrafung eines seiner Zöglinge. Er muss

---

33 Z. B. Sprüche 13,25; Hebräerbrief 12,6f.

34 Urs Hafner, Heimkinder. Eine Geschichte des Aufwachsens in der Anstalt, Baden 2011; Wolfgang Hafner, Pädagogik (vgl. Anm. 31).

35 Praz u. a., Enfants placés (vgl. Anm. 31).

36 Der Text erschien auch als Teil der Sammelpublikation von Leo Kunz (Hg.), Zum pädagogischen Akt im Erziehungsheim. Formen und Führen (Schriften zur Psychologie, Pädagogik, Heilpädagogik und Sozialarbeit, Heft 9), Luzern 1950.

«wegen seiner Rebellion» bestraft werden, doch lässt er ihm die «freie Wahl» zwischen «Block-Besinnungszimmer, also Freiheitstrafe, oder ‹Haarschneiden›», wobei letzteres die Kahlrasur bedeutete. Der Anstaltsdirektor zieht das Fazit: «Das Königsproblem in der Erziehung» sei es, die Zöglinge «so weit zu bringen, dass sie freiwillig der Strafe zustimmen, also gleichsam ihre Strafe bestimmen.» So kann sich Anstaltskönig Schweizer als frei gewählter Staatschef in einem «Lausbuben-Staat» fühlen: «Lausbuben-Republik nenne ich oft Drognens.» Allerdings war es ein Gottesstaat. Denn es «müssen alle dreimal unter der Woche in die heilige Messe. Wir können da keine Ausnahmen machen und den Ungläubigen einen eigenen Unterricht erteilen.»[37]

Die Disziplin war strikt: «Sie werden verstehen, dass eine so grosse Schar von 140 jungen Ranken mit solcher Veranlagung und Vererbung, einem solchen Vorleben, aus einem solchen Milieu, wie unsere Zöglinge, eine straffe Disziplin notwendig haben.» Der strikte Tagesplan war folgender: «Von morgens früh um sechs Uhr bis abends neun Uhr sind unsere Buben stets in den Seilen, das heisst der Tag ist genau eingeteilt in Arbeit, Gebet, Erholung usw.» Seine erzieherischen Leitwerte benannte Pater Schweizer alle mit dem gleichen Anfangsbuchstaben: Es sind die «fünf F»: «Fromm, fleissig, frisch, froh, frei».[38]

Zwar stellt sich Schweizer offiziell gegen die Prügelstrafe, im Unterschied zu vielen zeitgenössischen anderen Heimen wie etwa Rathausen, Luzern, wo der Direktor, ebenfalls ein Pater, stets den Bambusstecken mit sich führte.[39]

Der Salvatorianer Schweizer schrieb aber: «Obwohl die körperliche Züchtigung verboten ist und ich sie nie dulde, kann es doch einmal vorkommen, dass dem Erzieher die Hand ausrutscht bei einem renitenten Faulpelz, der die Arbeit verweigert».[40] Und auch auf dem Feld der Arbeit gilt wieder die verquere Selbstbestimmungs-Lehre des Theologen-Pädagogen: «Selbst die Arbeit muss freudig bejaht werden.»[41]

---

37 Die Zitate des Abschnitts stammen aus Kunz, Akt (vgl. Anm. 36), 10–13.

38 Die Zitate des Abschnitts stammen aus Kunz, Akt (vgl. Anm. 36), 3f.

39 Vgl. Martina Akermann, Meerrohrstock, Karzer und Fluchring. Anstaltskritik und Strafpraxis im Erziehungsheim Rathausen in den 1940er Jahren (bis 1953) (Lizentiatsarbeit Universität Zürich), Luzern 2004.

40 Kunz, Akt (vgl. Anm. 36), 6.

41 Kunz, Akt (vgl. Anm. 36), 9.

Solche Lehren und Praktiken waren auch in reformiert geführten Heimen verbreitet. Die folgenden Beispiele stammen allerdings aus einer früheren Epoche, nämlich aus der Gründungszeit der heute noch existierenden Erziehungsstätte in Freienstein, Zürich. Treibende Kraft bei der Gründung waren der Baron Friedrich von Sulzer-Wart (1806–1858), Zürcher Regierungsrat von 1838 bis 1844, ein Pietist, der nach dem konservativen Züri-Putsch 1839 auch Erziehungsrat wurde, sowie reformierte Pfarrer aus der Nachbarschaft.

Als erster «Hausvater» wurde 1838 der aus Leidringen bei Rottweil stammende Deutsche Johann Georg Blocher (1811–1899, als Schweizer eingebürgert 1861) angestellt. Er hatte seine Ausbildung zum «Armenerzieher» in dem ebenfalls pietistisch geführten Kinderheim und Seminar Beuggen bei Rheinfelden erhalten.[42]

Nach zehn Jahren, 1848, wurde Blocher entlassen, wegen Finanzproblemen der Anstalt, Differenzen mit der Aufsichtsbehörde sowie wegen Alkoholproblemen und Brutalität gegenüber Zöglingen. Johann Georg Blocher fand danach andere Wirkungsstätten als Leiter weiterer Heime im Kanton Bern. Am längsten arbeitete er als «Hausvater» der Erziehungsanstalt für Mädchen in der Rütti bei Bern.

Johann Georg Blocher schilderte selber seine Probleme mit renitenten Zöglingen in Freienstein, z. B. seine Bestrafung eines Knaben, der zum zweiten Mal einen Laib Brot gestohlen hatte, was auch nicht das beste Licht auf die Ernährungssituation der Zöglinge wirft. Blocher schrieb in einem Brief vom 11. Dezember 1839 an Pfarrer Zwingli, Mitglied des Aufsichtskomitees, in Dättlikon: «Ich habe ihn mit einem Seil empfindlich gestraft, ihm die Hände auf den Rücken gebunden und ihn drei Tage lang mit dem gestohlenen Brot und Wasser genährt.»[43]

---

42 Vgl. Hans Katz, Das Herz an der Angel. 150 Jahre Kinderheim Beuggen, Kassel 1970; Gisela Hauss, Retten, erziehen, ausbilden – zu den Anfängen der Sozialpädagogik als Beruf. Eine Gegenüberstellung der Entwicklungsgeschichte der Armenschullehrer-Anstalt Beuggen und des Brüderinstitutes am Rauhen Haus in Hamburg, Bern 1995. Der in der Erziehungsanstalt Beuggen aufgewachsene Schriftsteller Jakob Schaffner, später ein Propagandist der Nazi-Ideologie, thematisiert seine Jugend in einem nüchternen autobiografischen Werk mit dem Titel: Johannes. Roman einer Kindheit, Stuttgart 1922.

43 Zit. n. Gottfried Bürgi, Die Anfänge der Rettungsanstalt auf dem Freienstein 1837–1848, Bülach 1951, 51.

Ein weiteres Aufsichtskomiteemitglied, Pfarrer und Dekan Johann Caspar Grob (1800–1865), gab 1841 sein Missfallen über eine andere Zöglingsbestrafung durch Blocher wie folgt kund: «W.s nächtliche Bestrafung hat auch auf mich einen peinlichen Eindruck gemacht. Einen Knaben in solcher Jahreszeit in blossem Hemde von einem Boden auf den anderen zu führen und mit Seilen zu peitschen, widerstrebt meinem ganzen Gefühle, und wenn ich von irgend einer Anstalt in einem öffentlichen Blatte je so etwas lesen müsste, so würde ich nicht günstig für dieselbe gestimmt. Wie nun, wenn der Misshandelte oder andere Knaben oder Knecht und Magd früher oder später so etwas erzählen, welche Begriffe werden Gut- und Übelgesinnte von der christlichen Erziehungsweise gewinnen?»[44] Die Angst der Aufsichtsbehörde war also die, solche Brutalitäten könnten publik werden. Blocher blieb auch nach dieser Rüge noch 7 Jahre lang Hausvater in Freienstein.

Über einen Miterzieher in Freienstein, Anton Rütimann, schreibt Blocher in seinen bislang leider noch nicht vollständig veröffentlichten Lebenserinnerungen: «Er war eine zornmütige Natur und prügelte die Büblein grün und blau, besonders wenn er dem Schnapsgütterli zu tief in den Boden schaute. Er hatte immer seine Fläschchen im geschlossenen Pult.»[45]

Blocher selbst wurde allerdings ebenfalls wegen «Trunksucht» kritisiert. Er gab auch zu, dass er schon in Beuggen «als ein dem Trinken Ergebener verklagt» worden sei. Pfarrer Zwingli rapportierte am 13. März 1848: «Blocher sagte, es sei wahr, er habe schon öfter getrunken, aber es sei dadurch der Anstalt kein Schaden erwachsen, denn er habe auf seiner Stube und von seinem Wein getrunken.» Es war allerdings auch Usus im damaligen Freienstein, dass den Zöglingen an Festtagen Most oder Wein ausgeschenkt wurde, nach der Ära Blocher, im Jahr 1878, sogar täglich, und dies im Wissen der Aufsichtsbehörde. Dass das Freiensteiner Anstaltsregime mit pietistischer Frömmigkeit durchtränkt war, machte es nicht besser.[46] Blocher schrieb am 17. November 1844 in einem langen

---

44 Zit. n. Bürgi, Anfänge (vgl. Anm. 43), 85.

45 Zit. n. Bürgi, Anfänge (vgl. Anm. 43), 70.

46 Dass ein Selbstbild als «moralisch gutgesinnte» oder als eine «nach dem Guten strebende» Person keineswegs davor schützt, Verbrechen zu begehen, ist aus der Geschichte hinlänglich bekannt. Für das Umfeld der Erziehung und die dortigen sexuellen Missbräuche durch Professionelle analysiert dies Joachim Weber, Moralischer

religiösen Bekennerbrief an Baron von Sulzer unter anderem: «Ich fühle meine Unzulänglichkeit, dem Herrn Kinder zu erziehen, wohl und bin nicht wert, in diesem heiligen Berufe zu stehen. Aber der Herr hat mich dazu berufen und bisher mit vieler Geduld getragen und Seine segnende Hand von mir nicht abgezogen.»[47]

Auch in den Heimen der evangelikalen Stiftung «Gott hilft»[48] kam es zu Ausbeutung, Misshandlung und Missbrauch von Kindern.[49]

Der Grossteil der Misshandlungen bis hin zur sexuellen Ausbeutung an Verding- und Heimkindern blieb unbestraft. Selbst wenn sie publik wurden und die Täter oder Täterinnen vor Gericht kamen, blieben ihnen Auswege. Als Beispiel sei der Vorsteher der von der SGG 1840 gegründeten «Rettungsanstalt» Bächtelen für reformierte Knaben, welche diese aus «Verwahrlosung» und «Entartung» herausführen sollte, Johannes Kuratli, genannt. Kuratli hatte gemäss mehreren Zeugenaussagen sexuellen Umgang mit seinen Zöglingen, konnte aber 1871 einer Bestrafung entgehen, indem er in die USA auswanderte.[50]

So viel zu Praktiken, Ideologemen und Mentalitäten im schweizerischen Anstalts-Archipel und zu seinem religiösen, wissenschaftlichen und gesellschaftlichen Hintergrund.

Idealismus und sexueller Missbrauch, in: Baldus/Utz, Missbrauch (vgl. Anm. 31), 29–50.

47 Die Zitate des Abschnitts stammen aus Bürgi, Anfänge (vgl. Anm. 13), 93–96.

48 Zum evangelikalen Geist von «Gott hilft» siehe u. a. Emil Rupflin, In der Erziehungsschule unseres Gottes, Bern 1928; Hans Brandenburg/Emil Rupflin, Emil Rupflin – Ein Leben in Christi Auftrag. Nach seinen Tagebüchern aufgezeichnet von Hans Brandenburg, Basel 1974; Heinz Zindel (Hg.), Gott hilft – eine gelebte Vision, Seewis 2000.

49 Vgl. Christine Luchsinger, Niemandskinder. Erziehung in den Heimen der Stiftung «Gott hilft», Disentis 2016; Michael Handel, Gezeichnet fürs Leben – Berichte der Opfer über Misshandlungen. 100 Jahre Stiftung Gott hilft – 100 Jahre verpasster Chancen, Islikon ^{2}2016; Cornelia Studer (Conny vom Schwalbenhaus), Wir kamen vom Regen in die Traufe, 03.03.1965–14.04.1973. Verdingt nach Zizers – ins Kinderheim «Gott hilft», Erinnerungen und Erlebnisse, Eschenbach 2016.

50 Näheres zu diesem Missbrauchsfall in der Anstalt Bächtelen, in: Urs Germann, Bessernde Humanität statt strafender Strenge. Organisierte Gemeinnützigkeit und die Entwicklung der Jugendstrafrechtspflege im 19. und frühen 20. Jahrhundert, in: Schumacher et. al., Freiwillig verpflichtet (vgl. Anm. 6), 227f.

4. Einiges aus der Perspektive der Betroffenen

Zur chronologischen Abrundung und als Perspektivenwechsel folgen hier nach diesen Tonalitäten der christlichen Anstaltsleiter Schweizer und Blocher um 1950 und um 1840 einige Aussagen ehemaliger Insassen zur staatlichen Straf-, Zwangsarbeits- und Erziehungsanstalt Bellechasse, Fribourg, von 1939–1940, und zum evangelisch geprägten Lärchenheim in Lutzenberg, Appenzell Ausserhoden, aus dem Jahr 1976.

Damit möchte ich zum Schluss einige Betroffene wenigstens in Zitaten zu Wort kommen lassen. Zunächst zitiere ich aus den Lebenserinnerungen von Gotthard Haslimeier, die ein sehr eindrückliches Dokument sind, dem ich eine sorgfältige, preiswerte Neuausgabe und eine grosse Leserschaft wünsche. Es erschien in einem Kleinverlag, immerhin in mehreren Auflagen.[51]

Haslimeier, geboren 1919, schildert seine erste Station als Verdingkind: «Frierend sass ich im Leiterwägeli, um mich waren Nacht und Nebel. Stundenlang zog die schwarze Frau schweigend den Wagen. Sehr spät kamen wir am Ziel, dem Dorf Tägerig, an. Die neue Mutter legte mich halberfrorenes Kind auf die Ofenbank und befahl mir, da zu schlafen.

Vor Müdigkeit und Herzweh schlief ich ein. Am andern Morgen betrachtete ich die neue Mutter. Sie gefiel mir gar nicht. Sie hatte nichts Liebes und Mütterliches, sondern viel Kaltherziges und Rechthaberisches an sich. Sie begann auch bald, mich wegen des Nässens mit einem Strick zu schlagen.

So fing meine einjährige Leidenszeit bei diesen ersten Pflegeltern an. Ich musste bald erfahren erfahren, dass diese mir immer fremd gebliebene Frau jede Gelegenheit ergriff, um mich zu schlagen.

Der Pflegevater hatte oft Mitleid mit mir und versuchte, die Frau vom Dreinschlagen abzuhalten. Aber da kam er bei seiner Frau schön an! Zuletzt musste er froh sein, selbst ungeschoren davonzukommen.

Von den vielen Misshandlungsarten will ich nur deren zwei erwähnen. Die erste war etwas geradezu Mittelalterliches. Aus geringfügigem Anlass zwang mich die Frau, auf ein spitzes Dreikantscheit vor dem Kachelofen zu knien und die Arme seitwärts auszustrecken. Wenn ich

---

51 Gotthard Haslimeier, Aus dem Leben eines Verdingbuben. Mit einem Vorwort von Emmy Moor, Affoltern am Albis ⁴1956.

die Arme vor Müdigkeit sinken liess, schlug mich die Quälerin heftig. Für die zweite Misshandlung benützte die Pflegemutter eine moderne Maschine. In der Küche stand eine Waschmaschine, in der die Wäsche durch das Hin- und Herbewegen eines Hebels umhergeschleudert werden musste. Mehrmals kam es vor, dass mich die sadistische Frau in diese Waschmaschine setzte und den Hebel betätigte. Ich armes Tröpflein wurde dann im Waschhafen herumgewirbelt. Meine Gliedmassen wurden zwischen den sich verschiebenden Holzrosten eingeklemmt. Einmal verursachte mir diese Quälerei eine tiefe Wunde an einem Bein. Die Narbe ist heute noch sichtbar als lebendige Erinnerung an jene ‹wunderbare› Zeit.»[52]

An seiner zweiten Station als Verdingbub war er schon älter und musste unter weiteren Misshandlungen hart arbeiten: «Ich wurde auf das Bauerngut zweier Brüder verdingt. Bald rückte auch der Heuet an und mit ihm eine schwere Zeit. Ich musste von morgens vier Uhr bis in die tiefe Nacht hinein werken. An den Händen bekam ich Schwielen, an den Füssen Blasen, und mein ganzer Leib schien vor Müdigkeit wie zerschlagen. Nebst meiner durch allerstrengste Arbeit verursachten körperlichen Ermüdung litt ich sehr unter der brutalen Behandlung durch meine Meistersleute. Bei jeder Gelegenheit hagelte es Schläge und Ohrfeigen. Beim Heuen stiessen sie mir die Heugabel in den Rücken. Im Stall schlugen sie mit dem Besen auf mich ein oder hieben mir die Faust oder die flache Hand ins Gesicht, wie man es einem Stück Vieh nicht ärger machen konnte. Wie oft ist mir das Blut aus Mund und Nase getropft oder gar geflossen.»[53]

Nach weiteren Stationen in der Zwangserziehungsanstalt Aarburg sowie, als Jugendlicher, in der psychiatrischen Klinik Königsfelden, Aargau, wo er wegen Arbeitsverweigerung in ein Deckelbad gesteckt wurde, liess der Aarauer Bezirksamtmann Baumann, dem er nicht länger als billiger Knecht dienen wollte, Gotthard Haslimeier kurz vor Erreichen der Volljährigkeit administrativ in die Straf- und Zwangsarbeitsanstalt Bellechasse FR einweisen, in deren Abteilung für männliche Jugendliche, genannt Erlenhof.[54]

---

52 Haslimeier, Leben (vgl. Anm. 51), 15f.
53 Haslimeier, Leben (vgl. Anm. 51), 20f.
54 Vgl. Haslimeier, Leben (vgl. Anm. 51), 28f.

Die Strafanstalt Bellechasse FR umfasste eine Männer- und eine Frauenabteilung, die Abteilung für männliche Jugendliche «Erlenhof» (diese ist hier abgebildet) und die Abteilung für Alkoholiker «Tannenhof». Alle Arbeitsfähigen hatten Zwangsarbeit zu leisten, meist in der Landwirtschaft. Die Ernährung war minderwertig, während die hochwertigen Produkte des Anstaltsbetriebs (Fleisch, Milch, Käse, Gemüse) mit Gewinn verkauft wurden. Das Bild stammt aus der Jubiläumsschrift zum 50-jährigen Bestehen der «Etablissements de Bellechasse» von 1948.

Hier Auszüge aus Haslimeiers Schilderungen seiner Zeit in Bellechasse: «Man zählte den 19. Mai 1939. […] Mir im Gefängnisauto war es weh ums Herz. […] Unbarmherzig rollten die Räder weiter und brachten mich vor das grosse Zuchthaus von Bellechasse. Dort wurde ich ausgeladen und sogleich in eine Zelle gestossen. Man brachte mir die hellgelben Sträflingskleider. Die Zivilkleider wurden mir abgenommen, und dann war ich ein Zuchthäusler. In der Zelle stank es entsetzlich. Acht Tage lang blieb ich darin eingeschlossen. Dann wurde ich dem allmächtigen Herrn Direktor Gret vorgeführt. Sein eingefallenes Gesicht flösste mir Grauen ein. Seine ganze Gestalt hatte etwas Grobes an sich und erregte Furcht. ‹Was, unschuldig wollen Sie sein? Hier ist keiner unschuldig, jeder, der hier ankommt, ist ein Verbrecher.› Das war seine Begrüssung.»[55]

In Bellechasse litten die Insassen auch gemäss anderen Berichten ehemaliger Insassen Hunger. Am Morgen «wurde eine ungeniessbare Kaffeebrühe ausgeschenkt. Die Kaffeebrente war dreckig, ich entdeckte sogleich Maisresten darin. Die meisten schütteten diese Brühe in der Gamelle aus und tranken Wasser. Mich erfasste ein Ekel. Wer vom Vorabend her noch etwas Brot hatte, verschlang es. Die andern traten den Weg zur Arbeit eben nüchtern an. Das Eintopfgericht vom Mittag war ungenügend, unsauber, geradezu ekelerregend. Es gab viele schwarze und angefaulte Kartoffeln, dann Rüben und Kohl. Später gab es holzige Bohnen. Wir hatten nur immer Abfall-Gemüse, da das schöne verkauft wurde. Das Schweinefutter genügte für uns Schweine doch schon! Wir freuten uns jeweilen Tage voraus auf das ein Mal pro Woche verteilte Stücklein Fleisch oder die paar Cervelaträdli. In den dreizehn Monaten Aufenthalt in Bellechasse sah ich nie Käse, Butter, Milch, Konfitüre, Teigwaren oder Reis. Nichts als faules Eintopfgericht oder eklige Suppe, ‹Schnalle› genannt. Nur der unheimliche Hunger trieb uns, diese Sautränke zu geniessen.»[56]

Der Hunger trieb die Zöglinge zu kruden Nahrungsergänzungen an: «Der Hunger, dazu das Gefühl völliger Verlassenheit, machte uns zeitweise halb wahnsinnig. Etwas vom Schlimmsten, wozu uns der Hunger trieb, will ich hier darstellen. Ich schicke voraus, dass diese unglaubhaft klingende Geschichte absolut wahr ist. Oft kam der Feldmauser auf seinen Gängen bei uns vorbei. Wir waren seine besten Kunden. Gegen etwas Tabak tauschten wir ein paar Maulwürfe oder Feldmäuse ein. Im Erlenhof häuteten wir die Tiere aus. Wir stellten drei Feueranzünder nebeneinander und versuchten, darüber das Tierfleisch zu braten. Die glücklichen Besitzer einer Konservenbüchse, zu denen ich ja seit dem ersten Tag gehörte, konnten sich ihren Braten auf dem heissen Blech zubereiten. Natürlich war eine solche Brateinrichtung zu primitiv, um das Fleisch gar zu machen. So assen wir eben, vom Hunger getrieben, regelmässig halbrohes Tierfleisch. Doch nicht genug an dieser Scheusslichkeit des Mäusebratens, die früher bei Belagerung von Städten sinnvoll

---

55 Haslimeier, Leben (vgl. Anm. 51), 38.
56 Haslimeier, Leben (vgl. Anm. 51), 41.

gewesen sein mag – ich sah öfters einige der Kameraden lebende Regenwürmer verschlingen. Der Hunger trieb sie zu solchen Verirrungen. Mich schüttelt heute noch bei der blossen Erinnerung daran der Ekel.»[57]

Die Arbeit auf den Feldern und die Bewachung schildert Haslimeier so: «Empfang im Erlenhof. Ein Aufseher brachte mich in diese Jugendlichen-Kolonie. Mein Begleiter hatte ein Hörnli und einen Revolver umgehängt. Ich fragte ihn naiv, was das zu bedeuten habe. ‹Du wirst es bald sehen, wenn einer abgeht, wird gehornt und geschossen.› Unterwegs sah ich viele Burschen in der heissen Sonne auf der schwarzen Torferde knien und jäten. Mir fiel auf, wie ein Jugendlicher aus einer Blechkanne Wasser ausschenkte, für alle war nur ein Blechbecher vorhanden. Ich wurde einer Schar Jugendlicher zugeteilt und musste sogleich zu jäten beginnen.»[58]

Im Winter war es sehr kalt in Bellechasse, wie auch andere Insassen dieser Zeit berichten:[59] «Direktor Gret fand es nicht für nötig, uns Sträflingen im Erlenhof eine warme Stätte zu bereiten. Während des ganzen Winters 1939/40 wurde dort nie geheizt. Die Fenster waren schneeweiss vor Frost. An den Wänden schimmerten vor Kälte die Backsteine durch. Unsere nassen Kleider konnten wir abends nirgends trocknen. Wir legten sie über unsere Wolldecken und versuchten, sie durch unsere Körperwärme etwas zu trocknen. Wie graute es uns allen, frühmorgens in diese nassen Lumpen zu steigen. Mit Flüchen zogen wir sie morgens an und abends aus. Flüche erfüllten unsern ganzen Tag.»[60]

---

57 Haslimeier, Leben (vgl. Anm. 51), 42.

58 Haslimeier, Leben (vgl. Anm. 51), 38f.

59 Zu den Temperaturen im Trakt für administrativ internierte Frauen in der Strafanstalt von Bellechasse folgendes Zitat aus dem vollumfänglich protokollierten Interview mit Anna G. vom Juni 1986, in: Huonker, Fahrendes Volk (vgl. Anm. 3), 149–162, 153: «Im Sommer krochen die Wanzen zwischen den Dachziegeln herein. Wir hatten alles voller Wanzen in den Matratzen. Im Winter hingen Eiszapfen herein. Wir froren. Wir mussten in den Betten zusammenrutschen, sonst wären wir alle krank geworden.»

60 Haslimeier, Leben (vgl. Anm. 51), 48.

Das Bild vom Arbeitsraum der evangelisch geführten Mädchenerziehungsanstalt «Lärchenheim» in Lutzenberg AR mit der Parole «Maul halten! Ordnung halten + durchhalten!» stammt aus der Foto-Reportage «Winden-Kinder klagen an» der Zürcher Zeitschrift Sie + Er (16. April 1971). Der Artikel war Teil der damaligen Kritikwelle an den Heimen und Anstalten, die im Zusammenhang mit der von Aktivisten der 68er-Bewegung angeführten Heimkampagne stand und die längerfristig zu Heimschliessungen und Gesetzesänderungen führte.

Das nächste Zeugnis aus Betroffenensicht befasst sich mit der unter der Leitung eines evangelischen Heimpfarrers stehenden Erziehungsanstalt Lärchenheim in Lutzenberg, Appenzell, für Mädchen und junge Frauen sowie deren Kinder, soweit sie nicht zur Adoption weggegeben wurden. Journalisten der Zürcher Zeitschrift Sie + Er hatten im Artikel «Winden-Kinder klagen an» am 16. April 1971 über diese und andere Anstalten anhand von Direktaussagen Betroffener berichtet und ein Foto des Arbeitsraums im Lärchenheim publiziert. Das Bild wurde am 2. August 1971 in «Der Spiegel» abgedruckt, in einem gründlichen Artikel über die Schweiz.[61] «Der Spiegel» schrieb dazu: «Im ‹Lärchenheim› von Lutzenberg nagelte der Pfarrer ‹für gefährdete Mädchen›, die in Akkordarbeit Stricknadeln fertigen, folgenden Spruch in den Arbeitsraum: ‹Maul halten! Ordnung halten! Durchhalten!›»

Den Bericht von Karin Bürgisser über ihre Zeit im Lärchenheim verfasste sie zu Handen der Zeitschrift «Beobachter».[62] In einem Videointerview erzählt Karin Bürgisser ihre Geschichte mündlich. Sie war, wie andere Kinder und Jugendliche, auf im Lauf ihrer Fremdplatzierungen auch einmal in die geschlossene Abteilung einer psychiatrischen Klinik für Erwachsene eingewiesen worden, nämlich derjenigen von Schaffhausen (Breitenau).

«Von der Psychiatrischen Klinik Breitenau kam ich 1976 direkt in die geschlossene Erziehungsanstalt Lärchenheim Lutzenberg. Dort war ich im Haus ‹Chalet›. Meine Aggressivität war mein Schutzschild. Unter den jugendlichen Frauen herrschte eine extreme Hackordnung. Es herrschte ein verzweifeltes Klima. Alles war abgeschlossen. Ständig gab es Schlägereien. Da waren Mädchen, deren Geschichte von extremem Missbrauch geprägt war. Andere verfügten über reiche Erfahrung in Sado-Maso. Bei anderen fragte ich mich, was die dort zu suchen hatten. Sie gehörten einfach nicht dorthin. Ein Mädchen wurde schwanger, man wusste nicht von wem.

Schnell gehörte ich zu den Anführerinnen. Ich wurde in Ruhe gelassen, weil ich schon kurz nach meinem Einzug zeigte, dass es mir ernst ist. Ich hatte nichts mehr zu verlieren. Einmal kam ich in die Küche und sah, wie sich der Koch gerade an eines der jüngsten Mädchen machte. Er drückte sie in eine Ecke und war dabei, auf sie drauf zu sitzen. Ich rastete aus, riss ihn am Kopf und zerrte ihn weg. Irgendwann war dieser Koch nicht mehr dort. Man sprach nicht darüber, es war ein Tabu.

---

61 «Euer Frieden ist faul und verlogen, wenn …», in: Der Spiegel, Ausgabe vom 2. August 1971, 72–86.

62 Verfügbar unter: www.kinderheime-schweiz.ch/de/kinderheime_schweiz_ berichte_heimkinder_karin_buergisser.php (01.04.2017).

Die Erzieherinnen waren total überfordert. Sie versuchten es mit Repressalien. Einmal hiess es beim Frühstück, ich müsse meinen Lammfell-Mantel ausziehen, angeblich aus hygienischen Gründen. Wenn ich ihn nicht ausziehe, gebe es für niemanden Frühstück. Das war eine Kollektivstrafe. Raschle und Schmid aber hatten beide einen Hund, die ständig im Frühstücksraum waren. Das spielte dann keine Rolle. […] Regelmässig bin ich dann auch ausgebrochen.

Es gab Strafen, kein Sackgeld, keinen Besuch. Aber viel konnten sie nicht machen. Ein Erzieher war gut, er verstand uns. Plötzlich war er nicht mehr dort. […]

Der Arzt betitelte uns als Nutten, demütigte uns. Reihenweise waren wir im Wartezimmer. Uns wurde eine Spritze verpasst. Lange wussten wir nicht, für was das gut sein sollte. Erst nach hartnäckigem Fragen sagte man uns, das sei die Drei-Monats-Spritze.

Im Lärchenheim gab es keine Aktivitäten ausser Arbeit. Wir mussten für die Textilfabriken Nadeln gerade biegen. Therapeutische Aktivitäten gab es nicht. Eine Angestellte hatte zwei Ponys. Wenn wir uns ganz gut anstellten, durften wir mal auf dem Gelände hin und her reiten. Es herrschte Psychoterror. Uns wurde ein Gehorsam aufgezwungen. Ich hatte immer ein Buch bei mir und habe viel gelesen. Das rettete mich. Ich war schon alt genug, das durchzustehen.»

Die geschilderten Zustände beziehen sich auf die Endphase dieser Institution in den 1970er Jahren. Pünktlich zur Abschaffung der menschenrechtswidrigen administrativen Internierungen als Teil der lange hinausgeschobenen Umsetzung der Europäischen Menschenrechtskonvention durch die Schweiz wurde das Lärchenheim im Jahr 1981 in eine Drogenentzugsstation umgewandelt.[63]

Es bleibt die Frage im Raum stehen, inwieweit die hier rückblickend kritisch geschilderten Haltungen und Strukturen heute so klar als problematisch und zerstörerisch erkannt und durch angemessenere Formen von Sozialarbeit und Fremdplatzierung ersetzt sind, wie wir es uns im Interesse der aktuell Betreuten vom Fortschritt unserer sozialen Institu-

---

63 Vgl. die «Vereinbarung über das Rehabilitationszentrum für Drogenabhängige Lutzenberg (Drogenheim) vom 21. August 1981» zwischen der Trägerschaft, Liechtenstein und mehreren Kantonen.

tionen seit 1981 gerne erhoffen. Wenn, wie ich ebenfalls gerne erhoffe, die historische Aufarbeitung dazu beigetragen hat und weiter dazu beitragen kann, so freut mich das.

Protestantische Akteure der Fremdplatzierungspraxis in der Deutschschweiz – eine erste Annäherung

Loretta Seglias

Bis heute ist das Aufwachsen in einer Pflegefamilie oder in einem Heim die Ausnahme, nicht die Regel. Die Gründe und die Praxis des Aufwachsens ohne Eltern haben sich in den vergangenen Jahrzehnten verändert. Aus heutiger Perspektive ist dabei vielen Kindern und Erwachsenen Unrecht geschehen.

Seit einigen Jahren nun wird in der Schweiz, ähnlich wie bereits früher in anderen Ländern,[1] eine gesellschaftspolitische Diskussion geführt, die unter anderem nach den Verantwortlichkeiten dafür fragt.[2] Die Fremdplatzierung von Kindern und Jugendlichen ist dabei ein Aspekt in einem Katalog von Massnahmen, die bis fast ans Ende des 20. Jahrhunderts in der Schweiz angewandt wurden, um Kinder, Jugendliche und Erwachsene innerhalb eines aus heutiger Sicht engen Korsetts an Normen und Wertvorstellungen zu behalten. Diese Massnahmen werden unter dem Begriff der fürsorgerischen Zwangsmassnahmen und Fremdplatzierungen zusammengefasst, der etwas umständlich anmutet, gleichzeitig aber die Komplexität der Thematik in sich trägt. Wir verstehen heute darunter eine Praxis staatlicher Machtausübung, die fundamental in das Leben von Familien und Einzelpersonen eingreift. Konkret handelt es sich dabei um Fremdplatzierungen von Kindern und Jugendlichen bei Pflegefamilien oder in Heimen, um administrative Versorgun-

—

1 Die Debatte um konfessionelle Heimunterbringungen wurde in den vergangenen Jahren bspw. in Irland und Deutschland geführt, aber auch in Grossbritannien, Australien oder Kanada. Vgl. Runder Tisch Heimerziehung in den 50er und 60er Jahren (Hg.), Abschlussbericht, Berlin 2010; Francis D. Murphy/Helen Buckley/Larain Joyce, The Ferns Report, Dublin 2005; Senat des Staates Australien (Hg.), Lost Innocents and Forgotten Australians Revisited. Report on the progress with the implementation of the recommendations of the Lost Innocents and Forgotten Australians Reports, Canberra 2009; British Home Child Day Act, 2011, S. O. 2011, c. 14: www.ontla.on.ca/web/bills/bills_detail.do?locale=en&BillID=2489 (10.01.2017).

2 Zum aktuellen Stand der politischen Gesetzgebung in der Schweiz siehe: www.fuersorgerischezwangsmassnahmen.ch/index.html (01.04.2017).

gen von Jugendlichen, Frauen und Männern, um den Zwang zu Abtreibungen, Sterilisationen, Adoptionen und Medikamentenversuchen. Anders als in anderen Ländern beschäftigt sich die gesellschaftspolitische Aufarbeitung in der Schweiz nicht mit einer Betroffenengruppe allein, sondern mit dem gesamten Spektrum möglicher Massnahmen.

Welche Rolle kam nun protestantischen Akteuren und Organisationen in der deutschen Schweiz zu und welche spezifischen Wertvorstellungen lagen ihnen zugrunde? Wichtige Fragen, zu denen bis heute keine abschliessenden Antworten gegeben werden können. Während die in den vergangenen Jahren entstandenen Studien zur Rolle katholischer Institutionen erste vergleichende Schlüsse zulassen,[3] finden sich zur Rolle protestantischer Akteure und Organisationen erst Einzelstudien und keine vergleichenden Arbeiten.[4] Der Titel des vorliegenden Artikels ist deshalb mit Bedacht gewählt: Eine Annäherung bedeutet immer auch, dass viele Frage einer Antwort harren und weitere Forschung notwendig ist. Gleichwohl sind bereits heute Pisten erkennbar, entlang derer die Mitwirkung protestantischer Akteure in der deutschen Schweiz evident werden. Der Beitrag versucht, entlang der Fremdplatzierung von Kindern und Jugendlichen das Panorama möglicher Beteiligung protestantischer Akteure und Organisationen zu öffnen.

1. Fremdplatzierung als Mittel einer ständischen Bevölkerungs- und Sozialpolitik

Die Fremdplatzierung von Kindern und Jugendlichen ist zunächst als armenrechtliche Massnahme zu verstehen. Mit der Reformation wandelte sich der Blick auf die Armut; Fleiss und Arbeitsamkeit wurden integra-

---

3 Besser untersucht ist dabei die Wirkungsweise katholischer Akteure und hier vor allem hinsichtlich ihrer Rolle bei der Führung von Kinder- und Jugendheimen. Vgl. Martina Akermann u. a., Kinderheim und Sekundarschule St. Iddazell. Historische Untersuchung, Zürich 2014; Valentin Beck/Markus Ries, Hinter Mauern. Fürsorge und Gewalt in kirchlich geführten Erziehungsanstalten im Kanton Luzern, Zürich 2013; Martina Akermann/Markus Furrer/Sabine Jenzer, Bericht Kinderheime im Kanton Luzern im Zeitraum von 1930–1970, Luzern 2012.

4 Ernst Guggisberg, Pflegekinder. Die Deutschschweizer Armenerziehungsvereine 1848–1965, Baden 2016 und Christine Luchsinger, «Niemandskinder». Erziehung in den Heimen der Stiftung Gott hilft 1916–2016, Chur 2016.

ler Bestandteil einer protestantisch geprägten Lebensanschauung. Armut geriet dabei in den Verdacht, in vielen Fällen selbstverschuldet zu sein. Das heisst, die Arbeitslosigkeit eines Familienvaters etwa wurde weniger strukturellen Bedingungen oder saisonalen Schwankungen zugeschrieben als dem individuellen Versagen desselben.[5] Armut wurde zunehmend als Bedrohung der geltenden Gesellschaftsordnung wahrgenommen, die es von behördlicher und privater Seite zu bekämpfen galt, und bei der geschlechterspezifische Zuschreibungen nicht ausser Acht gelassen werden dürfen. Der Erhalt einer herrschenden Gesellschaftsordnung wurde dabei höher bewertet als das Wohlergehen der oder des Einzelnen.

Seit Beginn des 19. Jahrhunderts waren die Heimatgemeinden dafür verantwortlich, ihre Armen zu unterstützen. Die in vielen Fällen selbst klammen Gemeinden sahen sich dabei mit einer grossen Aufgabe konfrontiert, der unter anderem mit der Auflösung von Familien und der Fremdplatzierung von Kindern und Jugendlichen, aber auch von Erwachsenen begegnet wurde. Diese Praxis verband dabei pragmatische und finanzielle Überlegungen mit sozialdisziplinierenden Ansätzen. Mit der Fremdplatzierung konnten die Kinder und Erwachsenen an Orten platziert werden, wo ihre Arbeitskraft eingesetzt wurde und sie ihren Lebensunterhalt damit zumindest ein Stück weit selbst verdienten und damit das Budget der Gemeinden entlasteten.[6] Diese Praxis beinhaltete aber auch das Signal, dass die Inanspruchnahme staatlicher Unterstützung weitreichende Folgen für sich und die eigene Familie bedeuten konnte. Nicht allein die Familienauflösung ist dabei zu nennen, sondern weitere sozial isolierende Massnahmen für die Eltern, die von einer administrativen Versorgung über ein Wirtshausverbot bis hin zur Verweigerung des Stimm- und Wahlrechts führen konnten. So erstaunt es nicht, dass viele Eltern ihre Kinder selbst platzierten, bevor die Gemeindebehörden involviert wurden.[7]

Der Erhalt der bürgerlichen Ordnung, die Erziehung der Kinder zu rechtschaffenen Bürgern und Christen, war somit das Ziel armenrechtli-

---

5 Marco Leuenberger u. a., «Die Behörde beschliesst» – Zum Wohl des Kindes? Fremdplatzierte Kinder in Kanton Bern 1912–1978, 28–39.

6 Die im 19. Jahrhundert weit verbreiteten Mindersteigerungen, bei denen Kinder an denjenigen verdingt wurden, der am wenigsten Kostgeld verlangte, waren ein Instrument einer zusätzlichen Kostensenkung: Leuenberger, Behörde (vgl. Anm. 5), 64–71.

7 Leuenberger, Behörde (vgl. Anm. 5), 87–89.

cher Massnahmen. Der Erziehung zur Arbeit durch Arbeit kam dabei eine zentrale Rolle zu, um nicht zuletzt auch langfristig einen Rückfall in die Unterstützungsbedürftigkeit zu verhindern.[8] Und so verwundert es nicht, dass für die Kinder meist Orte gesucht wurden, an denen ihre Arbeitskraft eingesetzt werden konnte. Auch geschlossene Heime übernahmen dieses Erziehungsideal mit ihren oftmals angegliederten landwirtschaftlichen Betrieben.

Im Verlauf des 19. Jahrhunderts wurde die Lösung der sogenannten «sozialen Frage», also der Angst vor der Destabilisierung der Gesellschaft durch die Armut und der Furcht vor dem damit einhergehenden moralischen Zerfall – dessen geschlechterspezifische Zuschreibungen nicht ausser Acht gelassen werden können –, immer mehr mit einem Diskurs über die Möglichkeit präventiver Massnahmen ergänzt.[9] Das 1912 in Kraft getretene Schweizerische Zivilgesetzbuch (ZGB) schliesslich enthielt drei sogenannte Kinderschutzartikel, die diesem Desiderat der sozialen und politischen Entscheidungsträger Rechnung trugen: Nun war es kommunalen Vormundschaftsbehörden möglich, aufgrund einer drohenden «Gefährdung» oder einer «Verwahrlosung» Kinder fremdzuplatzieren, auch wenn deren Eltern keine staatliche Unterstützung erhielten. Die beiden Begriffe waren dabei bewusst schwammig gewählt und liessen in den darauffolgenden Jahrzehnten grossen Spielraum für deren Interpretation.[10] Wenngleich mit dem ZGB die Rechtfertigungsgrundlage für eine Fremdplatzierung neu festgelegt wurde, so fand der konkrete Umgang mit Kindern in Fremdpflege keinen Eingang in die Gesetzgebung. Die Umsetzung lag weiterhin in den Händen der Kantone und hier in den meisten Fällen bei den kommunalen Vormundschaftsbehörden, die nicht selten gleichzeitig auch Mitglieder der Armenbehörden waren. Kontrolle und Aufsicht wurden also weiterhin kantonal, teilweise

---

8 Marco Leuenberger/Loretta Seglias, Geprägt fürs Leben. Lebenswelten fremdplatzierter Kinder in der Schweiz im 20. Jahrhundert, Zürich 2015, 351–359.

9 Siehe dazu das Beispiel der Schweizerischen Gemeinnützigen Gesellschaft: Beatrice Schumacher (Hg.), Freiwillig verpflichtet. Gemeinnütziges Denken und Handeln in der Schweiz seit 1800, Zürich 2010.

10 Siehe dazu ausführlich: Nadja Ramsauer, «Verwahrlost». Kindeswegnahmen und die Entstehung der Jugendfürsorge im schweizerischen Sozialstaat 1900–1945, Zürich 2000.

auch kommunal, geregelt und widerspiegeln damit die föderalistischen Strukturen in der Schweiz. Bis ins Jahr 1978 bestand in der Schweiz keine gesamtschweizerische gesetzliche Grundlage, die die Platzierung von Kindern und Jugendlichen und damit auch die Überprüfung dieser Massnahmen einheitlich regelte.[11]

2. Die Behörden bauen auf private und kirchliche Organisationen: Protestantische Akteure in der deutschen Schweiz

Die Heimatgemeinden waren seit Beginn des 19. Jahrhunderts für die Unterstützung verarmter Personen und Familien zuständig, später auch für die Umsetzung vormundschaftlicher Massnahmen im Sinne des ZGB. Wenn wir uns in Erinnerung rufen, dass alleine im 20. Jahrhundert mehrere hunderttausend Kinder und Jugendliche von einer Fremdplatzierung betroffen waren,[12] dann sind es hinsichtlich der Eltern und Familien, die auf unterschiedliche Weise ebenfalls von einer solchen Massnahme betroffen waren, ungleich mehr. Die zuständigen Heimatgemeinden standen damit einer enormen organisatorischen aber auch finanziellen Herausforderung gegenüber, die sie nicht allein zu bewältigen vermochten. Deshalb kam der privaten und kirchlichen Wohltätigkeit eine zentrale Rolle zu. Das konfessionelle Argument spielte dabei bis weit ins 20. Jahrhundert hinein eine nicht zu unterschätzende Rolle, wenngleich schon früh viele Vereine einen interkonfessionellen Anspruch pflegten.[13]

Der Vorteil privater sowie konfessionell geprägter Akteure und Organisationen bestand unter anderem darin, dass sie ihren Zweck selbst bestimmten und sowohl ihre Mitglieder anleiten als auch ihre Finanzierung hinsichtlich dieser Ausrichtung organisieren konnten. Dies bedeutet, dass nicht nur die föderalistischen Strukturen, sondern zusätzlich die

---

[11] Leuenberger, Behörde (vgl. Anm. 5), 54–56.

[12] Verlässliche Zahlen, wie viele Kinder und Jugendliche von einer Fremdplatzierung in der Schweiz betroffen waren, gibt es nicht. Dies liegt zum einen an der unterschiedlichen Erfassung in den einzelnen Regionen, zum anderen an der Lückenhaftigkeit derselben. Vgl. dazu Leuenberger/Seglias, Geprägt fürs Leben (vgl. Anm. 8), 330–332.

[13] Vgl. Schumacher, Freiwillig verpflichtet (vgl. Anm. 9).

Mannigfaltigkeit von Organisationszwecken eine Vielzahl an Vereinen hervorbrachte, die teilweise in losen Dachorganisationen zusammengeschlossen waren, aber selten zentralistisch funktionierten.[14]

Auch die Möglichkeiten der Einflussnahme und das Betätigungsfeld bei Fremdplatzierungen waren entsprechend mannigfaltig. Sie sind zu finden bei der Meldung einer Familie, deren Kinder fremdplatziert werden sollten, über die Mitwirkung bei der Platzierung selbst, bis hin zur Übernahme von Kontroll- und Aufsichtsaufgaben und Vormundschaften sowie bei der Finanzierung von Pflegeplätzen, der Gründung und Führung von Heimen und bei der Nachbetreuung von Kindern und Jugendlichen nach Abschluss der Schulzeit, etwa bei der Suche nach einer Arbeits- oder Lehrstelle. Die folgenden Beispiele zeigen einige Möglichkeiten organisierter Mitwirkung mit protestantischer Ausrichtung:

Die in einzelnen Kantonen im Verlauf des 19. Jahrhunderts gegründeten Armenerziehungsvereine verstanden sich als interkonfessionelle Vereine, die eine christliche Erziehung garantieren wollten und dabei auf eine Platzierung von Kindern in Familien derselben Konfessionszugehörigkeit achteten. Einzig im Kanton Thurgau erhielt der AEV in den 1930er Jahren ein explizit reformiertes Profil, weil das Seraphische Liebeswerk sich dort ein ausschliesslich katholisches gab.

Die Gründung der einzelnen Armenerziehungsvereine ging mehrheitlich von Politikern und Verwaltungsbeamten, aber auch von der Schweizerischen Gemeinnützigen Gesellschaft aus. Reformierte Geistliche waren in diesen Vereinen seit deren Gründung vertreten. Im 19. Jahrhundert kam ihnen dabei eine wichtige Rolle zu: Sie, aber auch Lehrer, Gemeindeammänner und andere Vertrauenspersonen arbeiteten als sogenannte Repräsentanten in den einzelnen Gemeinden und machten Kinder ausfindig, die aus ihrer Sicht eine Fremdunterbringung benötigten. Die Armenerziehungsvereine arbeiteten eng mit den Gemeindebehörden zusammen und diese wiesen ihnen in vielen Fällen nicht nur die

---

14 Das betrifft nicht nur philanthropisch oder protestantisch ausgerichtete Organisationen, sondern auch katholische, wie bspw. das Seraphische Liebeswerk, das in unterschiedlichen Regionen der Schweiz zwar unter demselben Namen, aber durchaus mit unterschiedlichen Organisationsstrukturen, aktiv war. Vgl. Leuenberger/Seglias, Geprägt fürs Leben (vgl. Anm. 8), 263–276.

Kinder direkt zu, sondern statteten sie gleichzeitig mit einem Aufsichtsmandat aus.[15]

Während in den Armenerziehungsvereinen vor allem die konfessionelle Unterbringung eine Rolle spielte, die einzelnen Vereine sich aber mehrheitlich als interkonfessionell verstanden, gab es auch Vereine, die sich ein explizit evangelisches Gesicht gaben, wie beispielsweise der evangelische Erziehungsverein der Bezirke Toggenburg, Wil, Gossau, See und Gaster (SG). Sein Arbeitsbereich umfasste dasselbe Spektrum wie jenes der interkonfessionell ausgerichteten Armenerziehungsvereine, aber ausschliesslich für protestantische Kinder. Der evangelische Erziehungsverein war zudem Besitzer der Erziehungsanstalt für Knaben Hochsteig bei Wattwil und des Kinderheims Sonnenhof in Ganterschwil, für Mädchen und kleine Kinder. Als Präsident des Vereines amtete jeweils ein Pfarrer.[16]

Die seit dem 19. Jahrhundert stattfindende Differenzierung von Heimen, die mit einer Welle der Heimgründungen einherging, war eine stark konfessionell geprägte. In der ersten Hälfte des Jahrhunderts waren es mehrheitlich evangelische Gründungen, das heisst sowohl philanthropische als auch pietistisch motivierte sogenannte Rettungs- und Armenerziehungsanstalten, die zunächst das arme, später auch das sogenannt «verwahrloste» Kind in den Blick nahmen. In der zweiten Hälfte des 19. Jahrhunderts kam es unter dem Eindruck des Kulturkampfes zu zahlreichen Gründungen katholischer Heime.[17] Vergegenwärtigt man sich die Anzahl von über 250 Anstalten mit dezidiert reformierter Ausrichtung in der deutschen Schweiz zu Beginn des 20. Jahrhunderts, dann

---

15 Guggisberg, Pflegekinder (vgl. Anm. 4) und ders., «Brauchbare Glieder der Volksgemeinschaft». Rezeption vereinstragender Fremdplatzierung anhand der Solothurner Armenerziehungsvereine 1880–1930, in: Markus Furrer u. a. (Hg.), Fürsorge und Zwang: Fremdplatzierung von Kindern und Jugendlichen in der Schweiz 1850–1980, Basel 2014, 181–192.

16 Myriam Isenring, Zwischen Gesetzen, der Kostenfrage und guten Absichten. Die gesetzliche und praktische Entwicklung des Kost- und Pflegekinderwesens im Kanton St. Gallen in der ersten Hälfte des 20. Jahrhunderts, unveröffentlichte Lizentiatsarbeit, Universität Zürich, Zuzwil 2008, 96–100.

17 Peter Chmelik, Armenerziehungs- und Rettungsanstalten. Erziehungsheime für reformierte Kinder im 19. Jahrhundert in der deutschsprachigen Schweiz, Zürich [2]1986.

zeigen sich die Möglichkeiten hinsichtlich der Umsetzung protestantischer Erziehungsziele auch in der Heimunterbringung deutlich.[18]

Ebenfalls im 19. Jahrhundert entstand zudem für angehende Heimleiter (Armenerzieher und Armenlehrer) die explizit protestantische Anstaltsschule Beuggen, 1820 von Christian Heinrich Zeller (1779–1860) gegründet. Bereits 1799 ging Philipp Emanuel von Fellenberg (1771–1844) mit seiner Gründung in Hofwyl voran. Beide Schulen gewannen in den Jahren nach ihrer Gründung rasch auch an internationaler Ausstrahlung.[19]

Der Anspruch, geltende gesellschaftliche Normen sicherzustellen, beinhaltete immer auch die Angst vor dem Zerfall moralischer Werte. Daraus erwuchs in der zweiten Hälfte des 19. Jahrhunderts die sogenannte «Sittlichkeitsbewegung», die sich diesem drohenden Zerfall entgegen zu stellen versuchte und in der sich zahlreiche Geistliche als Gründer und Vorstandsmitglieder hervortaten. Ihre Ehefrauen und Schwestern amteten in den entsprechenden Frauenvereinen. Der Sittlichkeitsdiskurs orientierte sich stark an den spezifischen Geschlechterrollen. Frauen, die ihrer Rolle als Ehefrau, Mutter und Hausfrau nicht entsprachen, gerieten dabei schnell in den Verdacht eines «liederlichen» Lebenswandels, ungeachtet realer Alltagsgegebenheiten. Ein Verein, der sich aus dieser Bewegung hervortat, war der Frauenbund zur Hebung der Sittlichkeit. Er war 1877 mit dem Ziel gegründet worden, die Prostitution und den Zerfall der Familie und damit der bürgerlichen Ordnung zu verhindern. Er war sowohl in protestantischen Kirchgemeinden als auch freikirchlichen Kreisen verankert. Der Verband der deutschschweizerischen Frauenvereine zur Hebung der Sittlichkeit entwickelte sich zu Beginn des 20. Jahrhunderts mit 25 772 Mitgliedern zur grössten Frauenorganisation der Schweiz. 1921 fand die Umbenennung in die Evangelische Frauenhilfe statt und 1947 schloss er sich dem Evangelischen Frauenbund der Schweiz (EFS) an. Um die Aufgabe der Hebung der Sittlichkeit erfüllen zu können, war der Frauenbund auch an Heimgründungen für soge-

18 Albert Wild, Handbuch der sozialen Arbeit der Schweiz, 3. Auflage von: Soziale Fürsorge in der Schweiz, 2 Bde., Zürich 1933.

19 Urs Hafner, Heimkinder. Eine Geschichte des Aufwachsens in der Anstalt, Baden 2011, 61f.

nannte «gefallene Mädchen» und deren Betrieb beteiligt. Diese Heime wurden teilweise durch Diakonissen geführt.[20]

Nicht allein in der Zuweisung normabweichenden Verhaltens finden sich geschlechterspezifische Merkmale, auch bei der Frage, wer sich wo ehrenamtlich in Vereinen und Organisationen engagierte. Dabei fällt auf – und hier reproduziert sich das zeitgenössisch geltende gesellschaftliche Rollenverständnis –, dass Männer weit öfter als Gründer und in Vorstandspositionen anzutreffen waren als Frauen. Diese wiederum leisteten einen zentralen Beitrag in der täglichen Arbeit an der Basis und in Hilfspositionen. Gleichwohl finden sich auch Frauen als Gründerinnen, wie etwa die Pfarrfrau Lily Zellweger-Steiger (1862–1914), die 1901 den Basler Frauenverein zur Hebung der Sittlichkeit ins Leben rief. In der reformierten Stadt Basel wurde dieser ab 1910 mit der Pflegekinderaufsicht betraut. Die Beurteilung der ehrenamtlich arbeitenden Aufsichtsdamen war dabei massgeblich für die Einschätzung der besuchten Pflegeplätze und für (Um-)Platzierungen. Im Jahr 1911 beispielsweise unternahmen 39 Aufsichtsdamen total 1830 Besuche in Pflegefamilien. Die Aufsichtsdamen stammten fast ausschliesslich aus den gehobenen bürgerlichen Schichten und nahmen so, mit einem grossen persönlichen und zeitlichen Einsatz, Einfluss auf Familien und Kinder, die meist mit existentiellen Herausforderungen und einem anderen Alltag als ihre Begutachterinnen konfrontiert waren.[21]

Diese wenigen und kurz gehaltenen Beispiele möglicher organisierter Akteure und ihrer protestantischen Hintergründe haben gezeigt, wie divers die möglichen Tätigkeitsfelder in Bezug auf die Mitwirkung in der Schweizer Fremdplatzierungspraxis waren. Ebenso wird das starke Ineinandergreifen staatlicher und privater Fürsorge sichtbar, wenn diese nicht nur bei der Platzierung, sondern auch bei deren Kontrolle aktiv in

---

20 Vgl. Elisabeth Joris, Sittlichkeitsbewegung. In: elektronische Version des Historischen Lexikons der Schweiz: www.hls-dhs-dss.ch/textes/d/D16444.php (01.04. 2017) und Sabine Jenzer, «Die Dirne», der Bürger und der Staat. Private Erziehungsheime für junge Frauen und die Anfänge des Sozialstaates in der Deutschschweiz, 1870er bis 1930er Jahre, Köln 2014.

21 Mirjam Häsler, In fremden Händen. Die Lebensumstände von Kost- und Pflegekindern in Basel vom Mittelalter bis heute, 187. Neujahrsblatt der Gesellschaft für das Gute und Gemeinnützige Basel, Basel 2008, speziell 67f. und 88–90.

den Prozess einbezogen wurden und so vielfach para-staatliche Züge annahmen.[22]

Neben der Arbeit konfessionell ausgerichteter Vereine standen auch Einzelpersonen in unterschiedlichen Funktionen Möglichkeiten offen, sich in den Prozess der Fremdplatzierung einzubringen. Gerade den Ortspfarrern kam in diesem Zusammenhang eine wichtige Rolle zu. Einerseits bekleideten sie nicht selten offizielle Ämter, beispielsweise in den kommunalen Armen- oder Vormundschaftsbehörden, andererseits wurden sie immer wieder als Informanten bei anstehenden Entscheiden herangezogen. Schliesslich konnten Pfarrleute selbst zu Pflegeeltern werden.[23]

3. Schlussbemerkung

Auch wenn oder – vielleicht gerade – weil die Funktionen privater und kirchlicher Organisationen und Akteure sich in einem breiten Spektrum an Möglichkeiten bewegten, waren die Wirkungsbereiche vielfältig. Die Fremdplatzierung von Kindern und Jugendlichen in der Schweiz basierte bis weit ins 20. Jahrhundert hinein auf einem System, das neben staatlichen Stellen auch privaten und kirchlichen Institutionen ein grosses Machtvolumen zugestand. Ohne die Unterstützung privater Organisationen hätte das geschilderte System der Fremdplatzierung in der Schweiz so nicht funktionieren können. Gleichzeitig lag gerade in dieser Abhängigkeit die Gefahr, dass Strukturen länger einer Reform harrten als beispielsweise in Deutschland, wo die Jugendfürsorge früher professionalisiert und zentralistischer geregelt wurde.[24]

Die bis weit ins 20. Jahrhundert hinein gelebte Fremdplatzierungspraxis stellte das Wohl der Gesellschaft über das Wohl des Individuums, mit vielfach verheerenden Folgen für den Einzelnen. Es gab immer Menschen, die Kinder aufgenommen haben, weil es ihnen wichtig war, diesen ein gutes Zuhause zu bieten. Und es gab immer Menschen, denen

---

22 Guggisberg, Glieder (vgl. Anm. 15), 181–185.

23 Leuenberger/Seglias, Geprägt fürs Leben (vgl. Anm. 8), 263–276 und Marco Leuenberger/Loretta Seglias (Hg.), Versorgt und vergessen. Ehemalige Verdingkinder erzählen, Zürich [4]2010, 158–162.

24 Leuenberger/Seglias, Geprägt fürs Leben (vgl. Anm. 8), 97–118.

es wichtig war, dass Kinder Liebe und Geborgenheit erfuhren. Die geschilderten Strukturen und letztlich deren Unübersichtlichkeit liessen aber gleichzeitig viel Raum für gegenteilige Erfahrungen.

Es war eben diese Praxis, die von jenen Menschen, die aktiv am politischen Leben teilnehmen konnten, mitgetragen und gesetzlich verankert wurde. Darin eingebunden war auch, dass ein grosser Teil der Verantwortung in private und kirchliche Hände abgegeben wurde, und dies meist ohne gleichzeitig eine unabhängige Kontrolle der Platzierungen aufzubauen. Es ist damit von einem breiten gesellschaftlichen Konsens über diese Praxis zu sprechen. Nichtsdestotrotz gab es immer wieder Menschen, die sich gegen gewisse Aspekte der Fremdplatzierungpraxis in der Schweiz aussprachen, die die starke Verschränkung privater, kirchlicher und behördlicher Abläufe zu entflechten und auch zu professionalisieren suchten, und die die Gefahr für das einzelne Kind in diesen Abläufen erkannten. Jeremias Gotthelf (1797–1854), ein protestantischer Pfarrer aus dem Emmental etwa, schrieb bereits im 19. Jahrhundert gegen die Verdinggemeinden an.[25] Auch der reformierte Zürcher Pfarrer und langjährige Sekretär der Schweizerischen Gemeinnützigen Gesellschaft, Albert Wild (1870–1950), ist hier als Kritiker einzelner Aspekte zu nennen. So bemühte er sich zu Beginn des 20. Jahrhunderts, eine verlässliche quantitative Erhebung zu den Schweizer Kostkindern durchzuführen. Er argumentierte, dass gerade das fehlende Wissen darum, wie viele Kinder nicht bei ihren Eltern wohnten, die Gefahr für Missbrauch und schlechte Behandlung drastisch vergrössere.[26]

Viele Menschen leben heute mit den Erinnerungen an eine Kindheit in Fremdpflege, und viele haben nicht nur gute, ja traumatische Erfahrungen machen müssen. Lassen sie mich deshalb zum Schluss die Perspektive wechseln und ihnen ein Beispiel aus einer Begegnung mit einer Frau schildern, die aufzeigt, wie wichtig es ist, die Frage der Beteiligung kirchlicher und damit auch protestantischer Akteure noch genauer zu erforschen und zu reflektieren:

Heidy Hartmann kam 1932 zur Welt. Sie hatte nicht die Möglichkeit, bei ihrer Mutter aufzuwachsen und wurde bereits als Kleinkind in einem

---

25 Jeremias Gotthelf, Der Bauernspiegel, Zürich 1837. Vgl. hierzu auch den Beitrag von Lukas Künzler in diesem Band, 95–111.

26 Albert Wild, Das Kostkinderwesen in der Schweiz, Zürich 1916.

Kinderheim untergebracht. Noch bevor sie ihre Patentante zu sich nehmen konnte, fand Heidy Hartmann Aufnahme bei einem Pfarrerehepaar. Dieses hatte mit den zuständigen Vormundschaftsbehörden vereinbart, dass das Mädchen mit dem Erreichen der Schulpflicht als Bedienstete einen Teil ihrer Lebenshaltungskosten bei ihren Pflegeeltern abarbeiten musste. Im Alter von sieben Jahren übernahm Heidy Hartmann die gesamte Haushaltung. Als Teil einer Familie wurde sie nicht aufgenommen. Oft erhielt sie Prügel, wurde bei den kleinsten Vergehen eingesperrt, am Tisch wurde über sie und nicht mit ihr gesprochen. Bestrafungen rechtfertigte ihr Pflegevater nicht selten mit Bibelzitaten. Als Erwachsene hat Heidy Hartmann ihre Kindheit und die damit verbundenen Traumatisierungen aufgearbeitet, sich damit auseinandergesetzt und eines Tages den Mut gefunden, in das Dorf ihrer Jugend zurückzukehren. Auf der Strasse traf sie zufällig eine ehemalige Mitarbeiterin der Vormundschaftsbehörde. Diese entschuldigte sich bei ihr und sagte, sie hätten alle über die Misshandlungen Bescheid gewusst; allein die Tatsache, dass es sich um den Pfarrer und seine Frau handelte, liess sie schweigen.

Dieses Beispiel steht stellvertretend für den Einfluss, den eine Einzelperson im Leben eines fremdplatzierten Kindes haben konnte. Einzelpersonen in Schlüsselpositionen, Organisationen und deren Netzwerken nachzugehen, wird neben der Darstellung spezifischer Organisationsformen und Wirkungsweisen Teil der kommenden wissenschaftlichen Auseinandersetzung bei der Frage nach der Rolle protestantischer Akteure sein müssen. Dabei steht auch die Auseinandersetzung über den Einfluss protestantischer Werte und Deutungshoheiten auf die Erziehung von Kindern und Jugendlichen zur Diskussion.

Des acteurs protestants « réveillés » – Dans les dispositifs de protection sociale dès le XIXe siècle, plus particulièrement dans le canton de Vaud

Pierre Avvanzino

1. Propos liminaires

Mes travaux de recherche sur la relation entre le protestantisme, la philanthropie et le relèvement de l'âme par le travail prennent place dans une étude plus vaste. C'est par une interrogation sur la problématique de la violence dans le travail éducatif que j'en suis venu à m'intéresser à l'histoire des asiles ruraux et autres maisons de correction pour « enfants abandonnés et vicieux ».[1] C'est en ayant accès à des archives et en étudiant l'histoire des enfants placés et considérés comme différents des autres au début du XIXe siècle que j'ai pu observer une alliance assez particulière entre des ministres (pasteurs), une grande bourgeoisie protestante composée d'hommes et de femmes actifs et engagés et une pédagogie particulière pour lutter contre la « déchéance ». Cette étude concerne la Suisse romande et plus particulièrement le canton de Vaud. Il s'agit avant tout d'une histoire locale, bien que je puisse identifier de nombreuses similitudes avec les cantons voisins, notamment Genève et Neuchâtel. Mais également avec la France voisine ; dans ce début de XIXe siècle, des pédagogues et des évangélistes transitent par Genève, Bâle, Strasbourg et réciproquement (Fellenberg, Bost père et fils, Mme de Krudener, le comte de Zinzendorf, etc.). Pour ne citer que quelques noms connus par les historiennes et les historiens.

Tandis que s'accroît la richesse des nations grandit la pauvreté, ou tout au moins la conscience et la connaissance de son existence. Par bonds successifs, la pauvreté se développe, prenant des proportions qui ne peuvent plus être ignorées. Pourquoi le paupérisme, et surtout comment le traiter ? Des économistes tels que Sismondi, experts du XIXe

---

1 Pierre Avvanzino, Histoires de l'éducation spécialisée, 1827–1970. Les arcanes du placement institutionnel, Lausanne 1993.

siècle, philanthropes et « visiteurs du pauvre » (Le visiteur du pauvre, 1820, du baron de Gérando est de ce point de vue un classique souvent cité) disent avec obstination qu'il faut indiquer les moyens de reconnaître la véritable indigence et de rendre l'aumône utile à ceux qui la donnent et à ceux qui la reçoivent. Mais en même temps cette sorte d'harmonie héritée des siècles précédents, cette utilité sociale de donner ou de recevoir se délite ; de quelque manière qu'on l'aborde, le travail industriel (celui de l'ouvrier, le « nouveau pauvre ») n'a d'autre objet véritablement utile que de satisfaire les besoins réels de l'homme et d'augmenter sa dignité et sa valeur morale. Cette approche qui voit la dignité du travail dans le soutien de sa propre vie, d'une part, dans son caractère édifiant, d'autre part, est conforme à la volonté divine.

De nombreux historiens soutiennent que la généralisation de cet axiome adopté comme fondement de la politique sociale caractérise les régions et les pays à prédominance protestante ; c'est la morale protestante qui aurait permis l'élaboration d'une forme d'institutions sociales fusionnant l'assistance, l'éducation et la rentabilité économique.[2] Cette morale s'implante surtout dans les zones les plus évoluées sur le plan économique, d'où la coïncidence avec le protestantisme, les modèles de comportements mis en valeur par la morale protestante étant mieux adaptés aux besoins des sociétés en voie d'industrialisation intense.[3]

2. Sentiments et valeurs prônés par des philanthropes « réveillés » au début du XIXe siècle

Les sentiments et les valeurs prônés par les philanthropes, considérés comme des valeurs suprêmes et d'origine divine, se consolident, se socialisent dans les milieux bourgeois. Un véritable engouement pour une nouvelle forme de charité fait son apparition et des appels diffusés à un large public reçoivent des réponses positives. Ces appels à la générosité mettent en rapport la volonté divine, les œuvres et leur valeur eschatologique. Les dons sont souvent en rapport étroit avec ce qu'implique le

---

2 Albert Muller, La querelle des fondations charitables en Belgique, Bruxelles 1909.

3 Bronislaw Geremek, La potence ou la pitié, Paris 1987 ; Philippe Sassier, Du bon usage des pauvres, Paris 1990.

dénuement nécessaire au salut. Nous retrouvons des traces éloquentes de ces appels dans les archives des institutions de cette époque.

Nous pouvons facilement vérifier cet engouement et cet enthousiasme, en ce qui concerne les institutions philanthropiques qui se développent dans la plupart des moyennes et grandes agglomérations du canton de Vaud au début du XIXe siècle. En ville de Vevey par exemple, sous l'initiative de grandes familles patriciennes appartenant à la mouvance du Réveil protestant, nous pouvons dénombrer entre 1815 et 1829 la création de multiples œuvres : la Caisse d'épargne, la Société philanthropique immobilière, l'administration des secours publics, l'Asile pour jeunes filles pauvres et abandonnées, la Société de consommation, la caisse de secours du Conseil de paroisse et l'Hôpital du Samaritain.

L'énorme dimension de la misère à cette époque est l'objet de réflexions qui la considèrent comme une conséquence naturelle et inévitable de la répartition des tâches et des biens dans une société hiérarchisée ; mais elle apparaît aussi et surtout comme une menace pour l'ordre public, une entrave au fonctionnement correct du système social. De nombreux textes attestent de la peur de la sédition pendant que, dans le même temps, se révèle un engagement altruiste de familles en général très fortunées. Les pauvres, ce sont cette classe qu'il est le plus difficile d'attirer à l'Église et « chez laquelle se manifeste le plus d'insouciance et le mépris de la religion ».[4] Dès 1820, les pasteurs notent que leurs visites à domicile sont de plus en plus mal reçues, surtout de la part des ouvriers, et que des propos grossiers sont souvent le salaire de la peine qu'ils se donnent. Des réunions de jeunes ouvriers sont régulièrement dissoutes, « depuis l'invasion du communisme, ce plus grand ennemi du culte qui pénétra le pays de Genève à la Côte en quelques mois ».[5]

La nécessité de l'intervention de l'État dans l'assistance va émerger explicitement dès le premier quart du XIXe siècle dans les débats politiques.[6] Cette prise de conscience des responsabilités incombant à la société civile face à la misère conduit à la création d'un système

---

4 Rapport du Comité central pour l'établissement du culte allemand dans le canton de Vaud, Lausanne 1845, 6.

5 Ibidem, 8.

6 Enquête sur le paupérisme dans le canton de Vaud et rapport au Conseil d'État à ce sujet – Rapport sur la charité légale, Lausanne 1841.

d'assistance et d'institutions de bienfaisance.[7] L'intervention de l'État et du pouvoir central est faible et contraire à la doctrine du libéralisme majoritaire dans le parlement. Le secours accordé aux pauvres est considéré comme nuisible ; d'autant plus si par ce fait ces derniers sont « découragés » à trouver un travail lui-même moins rémunérateur que l'aumône et la charité.

Le paupérisme est considéré comme un phénomène dangereux, qu'il faut soumettre à un contrôle rigoureux et chercher par tous les moyens à limiter. Le pauvre accepté socialement est un pauvre qui travaille. Une autre certitude est tout aussi répandue, c'est que la misère entraîne fatalement le crime. Le mouvement d'aide semble s'orienter vers la création d'asiles pour pauvres, avec, comme vocation première, le travail et l'instruction. L'éducation semble être le meilleur moyen de l'apprentissage de l'obéissance, de l'accoutumance au travail, du respect des lois. L'humanitarisme philanthropique légitime la bienfaisance à partir de principes laïcs et pédagogiques, en s'appuyant sur le commandement de l'amour du prochain.[8]

3. La politique de placement dans le canton de Vaud

On confondra pendant longtemps, tout au cours du XIXe siècle, les enfants abandonnés ou vagabonds, les vieillards, les femmes de mauvaise vie, les invalides de toutes espèces, les malades mentaux, etc. Le traitement de ces misères est soumis à une alternative très ancienne. Ou bien réunir ces misérables dans des institutions *ad hoc* ou bien, le cas échéant, les traiter à domicile. Mais les solutions envisagées dans une société d'abord rurale, où l'excès d'hommes, pour le système agraire tel qu'il est, implique qu'un nombre variable de gueux, de chercheurs de travail et de pain, partent sur les routes ou s'agglutinent dans les villes. En remettant à la commune en premier lieu le soin d'organiser les divers secours, l'État se dégage et joue sur la confusion de fait entre la commune, la paroisse, la ville ou le quartier. L'État s'en remet sans le dire explicitement aux Églises et à la collectivité ; il n'interviendra qu'au minimum, laissant ces collectivités locales assumer les rôles principaux. Les responsables com-

---

7 Joseph-Marie de Gérando, Le visiteur du pauvre, Paris 1820.
8 Victor Segond, La bienfaisance dans le canton de Vaud, Nyon 1895.

munaux, dans le canton de Vaud, font appel le plus souvent à l'expertise du pasteur, de l'instituteur, de l'homme de loi, du médecin résident.

Rares sont les organismes de bienfaisance qui peuvent se payer des enquêteurs ou des visiteurs. Il faut recourir aux bénévoles. On peut voir plusieurs cas de figure : l'autorité politique, les notables, leurs épouses se mobilisent. Il n'est pas certain que ces associations de dames charitables aient toujours une coloration religieuse. Mais on ne peut méconnaître l'importance des œuvres dans l'ensemble des institutions « charitables » ; on est frappé par le nombre, l'importance et la variété des créations et des initiatives. Ce mouvement reprend d'une certaine manière non seulement la tradition chrétienne de la charité, mais encore la dynamique induite par les efforts et la création que l'on doit à la montée de la philanthropie et de ses initiatives. Voici quelques items significatifs qui illustrent une série de débats et de préoccupations politiques concernant l'organisation des secours dans le canton de Vaud.

L'aide publique au XIXe siècle est balisée par diverses dispositions. Les lois du 18 juin 1803, du 27 mai 1816 et du 26 janvier 1832 prescrivent aux municipalités d'avoir égard à la recommandation des pasteurs dans la distribution des secours. L'arrêté du 26 septembre 1817 concernant les demandes de secours prescrit aux communes, dans une mesure convenable, de venir à l'aide de leurs bourgeois qui ne peuvent pas, par leur travail, suffire à leurs besoins. Les communes se plaignent d'avoir à assister des familles nombreuses et des filles mères. Si la loi punit l'abandon de la famille, les communes manquent de moyens. Elles placent généralement les enfants « vagabonds, mendiants, vauriens, fainéants, » dans des fermes contre une très modique pension.

Au niveau politique, des questions sont régulièrement posées et débattues : faut-il que l'État se substitue aux œuvres de charité ou faut-il seulement les seconder ? Les décideurs politiques affirment que la situation des enfants malheureux doit être au premier rang des préoccupations du législateur. L'action des communes cependant reste prépondérante ainsi que le recours aux institutions charitables. La mise aux enchères « à l'envers » des orphelins ou des enfants abandonnés sur la place publique a été interdite une première fois en 1848 par le Grand Conseil du canton de Vaud. Cette interdiction fut réitérée dans la Constituante de 1888 et inscrite dans les lois de l'époque. En 1928 encore, cette interdiction est rappelée par les services officiels de l'État de Vaud. Nous trouvons encore des traces de cette pratique jusqu'en 1938.

4. Une fracture religieuse comme projet individuel et collectif

Les philanthropes se veulent pédagogues et entrepreneurs moraux. Mais ils sont aussi l'expression religieuse d'une réaction ambiguë à la pauvreté, à la fois conservatrice et novatrice, qui vitrifie les rapports sociaux. Elle est relativement minoritaire, mais très influente ; elle réagit à une idéologie calviniste froide et pédante, et c'est une religion qui se veut du cœur et de l'intériorité. Mais les philanthropes expriment également le désir de renouer avec les chances de la Réformation. Regardons de plus près comment le mouvement du Réveil vient en quelque sorte s'arc-bouter sur le mouvement philanthropique et lui donner un regain de vigueur. En Suisse romande, et plus particulièrement à Genève, le « surgissement » du Réveil se situe entre 1810 et 1815 ; il va prendre trois directions.

La première direction est populaire, c'est celle de l'Église du Bourg-de-Four, Église d'un quartier où vivent des gens modestes. On ne prône pas un retour à la Réforme, mais à l'âge apostolique, ce qui signifie un abandon de la structure ecclésiale traditionnelle, avec les pasteurs. Il s'y passe des phénomènes charismatiques et c'est la conversion qui est importante.

La deuxième direction (qui montre que le Réveil correspond à une fragmentation du protestantisme) est liée à César Malan, qu'on appelle « le Tigre ». Il est attaqué par la société des pasteurs qui lui interdit le prêche. Or dans sa chapelle il réussit à attirer des centaines de personnes. C'est un homme qui croit à la double prédestination : d'un côté les élus, de l'autre les damnés.[9]

La troisième direction est plus sage. Il s'agit d'une ligne plus réflexive qui veut restaurer les grandes affirmations de la Réforme et qui va rompre, pour des questions de catéchisme, avec l'Église libre. Les responsables de l'Église officielle vont avoir peur, avec ce troisième courant, car l'Église libre va rapidement atteindre l'élite, qui sera d'ailleurs convertie essentiellement par des femmes. Ce troisième mouvement est véritablement le Réveil organisé, qui adopte la même structure que l'Église nationale (pasteur et consistoire) et qui va se doter d'une faculté jusqu'en

---

9 César Malan, Les Momiers sont-ils nuisibles ou nécessaires au bonheur de l'État ?, Genève 1823.

1922. C'est ce mouvement-là qui a les moyens de réaliser des œuvres sociales.

Une rupture se produira dans le canton de Vaud au sein du corps pastoral au plan organisationnel ; des dissidents redéfinissent les rapports Église-État et instaurent une autonomie politique et théologique. Dans la mouvance du Réveil, ils placent le centre de la spiritualité sur la sanctification, la conversion et la régénération avec la nécessité pour le croyant de participer à sa rédemption par son engagement quotidien militant. Alexandre Vinet, dans son discours d'installation en 1837, parle d'une chaîne dans la pensée et dans la vie pour réhabiliter la doctrine du Saint-Esprit.[10] En 1849, cette dissidence fondera une faculté libre de théologie avec un modèle d'enseignement calqué sur celui de l'Académie.

C'est une religion des œuvres qui veut renouer avec le message premier de Jésus-Christ, « un retour aux sources ». Les hommes et les femmes du Réveil sont des individualistes souvent doués d'une sensibilité exacerbée. Les racines de cette « seconde Réformation », comme aime à le dire volontiers ce mouvement, plongent dans le XVIe siècle. Ce mouvement, au lieu de se cristalliser en de grandes institutions, devait se désagréger après une trentaine d'années, les éléments pondérés restant dans leurs Églises respectives, qu'ils enrichirent par leur spiritualité, tandis que les éléments les plus exaltés se constituèrent en sectes, dont certaines ont survécu jusqu'à nos jours. Il y aurait une filiation entre Puritanisme, Méthodisme, Piétisme et enfin Réveil.[11]

Si chacune de ces mouvances a son caractère propre, toutes attribuent la même importance à la conversion spontanée ou « nouvelle naissance ». Les « régénérés », comme ils aiment à s'intituler, élèvent la « conversion évangélique » au rang d'institution, niant jusqu'à la validité d'une religion qui ne procéderait pas d'une telle expérience. Les « régénérés » sont obsédés par l'évangélisation et ils vont déployer des forces et des énergies décuplées par leur conversion. Les pasteurs du Réveil sont souvent de très grands orateurs, capables de tenir en haleine de vastes auditoires. On retrouve d'ailleurs le même zèle chez les laïcs, et leurs innombrables œuvres sont alimentées par les libéralités des fidèles dont bon nombre ont des ressources limitées. Ceux-ci payent aussi de leur personne, ne

---

10 Alexandre Vinet, discours d'installation, Lausanne 1837, 23.

11 Pierre Avvanzino, Église du Réveil et philanthropie. De la régénération et de la responsabilité individuelle au travail social organisé, Lausanne 1983.

perdent pas une occasion de semer la bonne parole. Ainsi s'élabore une véritable technique de la conversion, appliquée aussi aux enfants. Ce souci d'éducation chrétienne impliquait naturellement des préoccupations pédagogiques et didactiques.

La « famille du Ciel », comme ils aiment à la nommer eux-mêmes, est composée de multitudes de « conventicules », recrutés en règle générale dans le même milieu. Nombre d'adhérents sont nés dans une famille pieuse qui a convié ses amis et connaissances à partager le culte familial et les échanges qui immanquablement enrichissent l'édification mutuelle. Ces réunions, avec leurs lectures édifiantes, leurs cantiques et leurs prières émouvantes utilisées avec abondance, se ressemblent toutes étrangement et ont en définitive le même but : susciter et entretenir « l'enthousiasme ». C'est là que probablement réside une partie de leur efficacité. On y raconte volontiers sa conversion et on met en commun ses expériences. Vivant comme ils le font en vase clos, « les régénérés » développent une culture originale. Ils ressuscitent « le patois de Canaan » de leurs pères, truffé de citations bibliques, ils produisent une littérature édifiante, composent beaucoup de cantiques. Ces derniers sont l'expression la plus authentique du mouvement ; certains sont beaux, d'autres plus médiocres, mais tous sont émouvants de foi, de sincérité, et exécutés dans des arrangements polyphoniques habiles et prenants ; ils s'avèrent d'excellents moyens de propagande.

5. La philanthropie et les œuvres, une pédagogie exhaustive !

Les personnes employant une partie de leur fortune en dons sont appelées philanthropes. Des organismes à vocations diverses selon les époques et les lieux ont assuré l'essentiel de leur financement par l'accumulation de dons de particuliers. Les grands donateurs, sans être nécessairement les plus riches, sont motivés par la volonté d'infléchir directement le cours des choses, que ce soit le destin d'une famille dite nombreuse ou l'avenir d'une population affligée. La philanthropie, à quelque degré que ce soit, n'empêche pas la recherche de retombées directes ou symboliques.

Face aux bouleversements économiques du XIXe siècle, les philanthropes participent à un mouvement très étendu en direction d'une certaine frange de la population sous la justification d'éducation des enfants, dans un projet de transformer le paupérisme avec son cortège de maux en une société nouvelle, épurée et laborieuse, et ainsi permettre de mettre à distance l'insoumission montante de la classe ouvrière. Les philanthropes, qui ne sont évidemment pas seuls, pensent que l'éducation des pauvres doit être séparée de celle des élites et doit répondre à trois objectifs : favoriser l'acquisition du savoir lire-écrire-compter pour pouvoir répondre aux exigences de l'ordre social et d'habitudes nouvelles concernant les règles de vie. Mais également apprendre le respect de l'Autorité, la religion restant l'instrument privilégié de l'apprentissage de la soumission, et les vertus du travail « afin de gagner son pain à la sueur de son front » et ainsi obéir à une volonté divine.

Ces enfants doivent avant tout recevoir une « éducation populaire », celle destinée à la classe sociale dans laquelle ils sont nés et doivent êtres maintenus. Le travail qui occupe une place centrale est ponctué par la prière journalière et répétée, mais également par le culte et l'école du dimanche.

La composition de la direction de ces institutions est le fait de familles liées entre elles par des liens de parenté ; des comités indépendants se partagent le travail. Par exemple, à Vevey, pour « l'Asile des jeunes filles pauvres et abandonnées », le comité de direction est formé d'hommes : Frédéric Couvreu caissier, Edouard Couvreu président, Henri Couvreu secrétaire, Frédéric Chavannes ministre du Saint-Évangile, Charles de Joffrey, Louis de Gautard et Victor son frère. Les épouses et filles adultes de ces messieurs forment le comité des dames – Mmes Emma Couvreu, Olympe Couvreu, Mme Gautard-Couvreu, Louise de Joffrey-Couvreu, Pauline de Gautard et Melles Verey, Lina de Joffrey. Toutes ces grandes familles sont issues des milieux de la banque et de la magistrature. Elles se réunissent très régulièrement, notamment pour méditer la Bible et assister à des conventicules, malgré une interdiction votée au Grand Conseil (loi du 20 mai 1824).

Sous l'initiative des grandes familles réveillées, l'on trouve, dans les ateliers destinés à procurer du travail aux pauvres, une discipline « pénitencière » qui se veut moyen pédagogique, mais aussi moyen d'intimidation. Le paupérisme est considéré comme un phénomène dangereux, qu'il faut soumettre à un contrôle rigoureux et chercher par tous les moyens à limiter.

6. L'asile rural

L'asile rural, souvent appelé « colonie agricole », est présenté comme un modèle et assure du même coup la mise au travail de jeunes gens « oisifs » ou « vicieux ». Les thèmes qui traversent les discussions des comités de ces institutions sont marqués par le souci de la charité, du travail et de l'acquisition d'habitus « réglés » (ordre, activité, tempérance, piété.) L'asile combine l'instruction primaire avec l'apprentissage. Parfois le travail remplace totalement l'instruction, notamment lors des grands travaux saisonniers. Quand l'enfant travaille, il sait qu'il remplace un valet de ferme, un moissonneur ; il sait qu'il lui faut travailler pour gagner son pain, son logis, ses vêtements, son instruction ; qu'on lui prête plutôt qu'on lui donne ! Il prend donc le travail au sérieux et se trouve par-là préparé à la vie qu'il doit mener, vie laborieuse et frugale. Le travail agricole est aussi une philosophie pratique. Le défrichement des terres par les colons ou la culture du potager dans l'asile pour jeunes filles vise les mêmes apprentissages.

Ce qui est recherché, c'est l'accession à une conscience, à une philosophie pratique de la vie. Le travail de la terre confronté aux réalités de la vie, du temps, des saisons, de l'observation nécessaire et de la prise en compte de forces supérieures, met en contact avec la « Loi du Divin Créateur ». Ces faits objectifs sont alors l'occasion d'une rationalisation venant alimenter le discours idéologique : dépendance par rapport aux Cieux, donc à Dieu, avec un mélange d'admiration pour l'œuvre divine, de reconnaissance et de crainte. À travers une relation juste, le pouvoir octroyé à la nature sur l'homme, on cherche à mettre le plus possible l'enfant dans un rapport à son Créateur. Le travail de la terre assure une formation du caractère et une véritable transformation du vice en vertu. À côté des obligations, des habitudes laborieuses et de la discipline du travail, les travaux agricoles facilitent les habitudes religieuses et morales, voire même, si l'on appartient à Jésus-Christ, l'accès au bonheur.

Si les règles institutionnelles étaient déjà fortement normalisées, elles se revendiquaient néanmoins comme moyen de rédemption. La représentation glisse petit à petit d'un enfant abandonné à protéger vers un enfant qualifié de vicieux. C'est une certitude qui engendre une intolérance : l'oisiveté est dangereuse et doit être réprimée.

L'enfant vicieux est un enfant qui, en raison de ses graves défauts, ne peut pas être élevé par des moyens normaux. Des moyens spéciaux sont nécessaires pour l'éduquer, notamment un enseignement religieux assidu. C'est un jeune qui agit sans discernement, qui ne peut pas être enfermé dans une prison, mais qui doit être retenu dans une « colonie » pour son amendement, son instruction et son éducation, mais aussi par précaution à l'égard de la société. Les causes évoquées sont des vices déjà présents à la naissance ; outre ces tendances mauvaises, qui sont les conséquences du péché originel, il y a aussi une transmission héréditaire des vices des parents. Les enfants des familles pauvres sont considérés comme moins intelligents que les enfants des classes aisées. Il se produit une généralisation arbitraire et insidieuse du fatalisme génétique à propos de la misère économique et sociale. Comme si la pauvreté était un gène transmissible, ou comme s'il s'agissait d'une substance toxique à l'état permanent dans les classes populaires.

Auguste Forel (1848–1931) préconisera des mesures préventives contre la dégénérescence de la race. Un tel déterminisme devait déboucher sur l'idée d'y remédier en castrant et en stérilisant des « êtres de moindre valeur ». Sur ses indications eugénistes, le parlement du canton de Vaud est réputé comme le premier en Europe à avoir voté une loi permettant la stérilisation de personnes handicapées mentales. En parlant des hommes supérieurs, Forel affirme que leur statut social, leurs qualités morales et leur réussite sociale, ils la doivent, et même dans une forte proportion, à la bonne qualité des spermatozoïdes et de l'ovule dont ils sont issus.[12] Les idées de Forel sont très répandues dans les milieux psychiatriques, dans la pensée des dirigeants politiques, dans les écrits de très nombreux pédagogues et dans les milieux philanthropiques jusque vers le milieu du XXe siècle et au-delà.

On peut observer, dans les archives des institutions que nous étudions, un choix de programmes, de manuels (peu nombreux) et de pédagogies visant avant tout une instruction morale et civique, qui ont pour fonction de répandre une morale partiellement laïque et surtout évangélique. Les philanthropes veulent jouer un rôle pédagogique dans la formation du citoyen vertueux, conscient de ses devoirs. Le patriotisme s'y retrouve comme vecteur de foi.

—

12 Auguste Forel, Verbrechen und konstitutionelle Seelenabnormitäten, München 1907 ; Auguste Forel, Hygiene der Nerven und des Geistes, Stuttgart 1908 ; Auguste Forel, Rückblick auf mein Leben, Zürich 1935.

Naturellement l'influence de ces milieux ne s'exerce pas dans les seules limites de l'éducation et sur la seule période du début du XIXe siècle. En effet, si ce mouvement ne représente en lui-même qu'une minorité, il bénéficie d'un effet de mode et d'une audience considérable dans certains milieux intellectuels, voire financiers et politiques. Des évangélistes de cette période occupent des postes importants dans le gouvernement, dans les cercles intellectuels ; leur audience dépasse largement le « petit milieu » du village, de la ville, voire du canton.

L'enseignement souvent est réduit à quelques heures par jour, inexistant à certaines périodes de l'année où la force de travail doit être totalement mobilisée pour des travaux saisonniers (à l'Asile rural à Échichens, la première trace d'une inspection scolaire par le Département de l'instruction publique date de 1954). Le dispositif institutionnel est principalement régi par une gestion du temps précise et répétitive des activités, des instructions disciplinaires et des châtiments corporels. Les principes directeurs de cette organisation sont fondés « pour durer à perpétuité » ou pour « l'Éternité » et, pratiquement, ces asiles ruraux ou ces maisons de correction n'évoluent pas, tellement les promoteurs de ces œuvres sont persuadés de la légitimité totale de leurs projets, voulus et sauvegardés par la volonté divine. Les séances des divers comités commencent et finissent par une prière pour que leur œuvre soit sauvegardée par « le Très Haut ».

7. Les finalités du mouvement

Les gens de cette mouvance partagent une même vision de la société. Ce sont des libéraux en politique, qui ne récusent pas forcément le libéralisme économique. Ils font cependant une lecture de la misère différente de celle qui a cours.[13] Jusque-là, en effet, les pauvres sont des gens qui ont péché. Eux commencent à faire un diagnostic différent ; ils voient la misère sous en angle social et non plus seulement moral ; mais faire un diagnostic social ne signifie pas qu'il faut changer la société.

Ils ne revendiquent que rarement l'intervention de l'État ; si l'on veut changer, résoudre les problèmes sociaux, il faut transformer les indivi-

---

13 Pierre Avvanzino, Travail, discipline et philanthropie, Paris 1997.

dus. Une Église d'État est en cela tout à fait inappropriée car elle empêche la conscience individuelle de s'épanouir : Dieu a créé des hommes libres. Nous trouvons de nombreux autres exemples de personnages engagés, sensibles aux problèmes sociaux et qui payent visiblement de leur personne (voire de leur fortune), par leurs engagements. C'est par exemple le cas de Jean François Théodore Rivier, gagné au Réveil dès 1823.[14] Il l'est non seulement par sympathie pour les persécutés (les momiers), mais par conviction personnelle. La théologie du Réveil, ses doctrines de l'autorité absolue des Écritures, de la perdition de l'homme naturel, du pardon gratuit accordé à celui qui croit au sacrifice de Jésus-Christ, de la régénération, l'ont conquis. Il se sent en possession d'une révélation nouvelle, sur laquelle il veut désormais régler sa vie.

Les créateurs, les animateurs, les gestionnaires de ces institutions ne demandent pas grand-chose à l'État ou aux communes, si ce n'est une participation financière souvent modique. C'est un arrangement qui convient au pouvoir politique et qui laisse les initiatives se développer. Une loi fédérale sur les associations et les fondations (voir code civil) ne verra le jour qu'au début du XXe siècle, les directives restent très larges et précisent quelques aspects de fonctionnement qui, en principe, ne font pas l'objet de vérifications.

Ajoutons que les comités de ces institutions sont composés de membres très honorables et souvent très connus pour leurs actions engagées dans « l'aide sociale », au-dessus de tout soupçon. L'histoire des institutions de bienfaisance rend plus volontiers compte de la pensée de ses réalisateurs ou des grands pédagogues de l'époque qui viennent au secours des enfants pauvres et abandonnés et qui grâce à leurs qualités humaines obtiennent toute sorte de résultats. Nous ne voulons pas dire par-là que cette histoire serait une supercherie. Il existe bien des femmes et des hommes remarquables, qui mènent un combat, une lutte et la mise en œuvre de bonnes volontés très engagées et qui se donnent sans compter.

Mais les enfants placés dans les asiles, les orphelinats, les maisons d'éducation spécialisées, ou encore dans des familles d'accueil sont, eux, l'objet d'une forme de désintérêt. Il y a une absence de préoccupation pour sauvegarder la mémoire des systèmes d'éducation et de placement

---

14 Théodore Rivier-Rose, La famille Rivier de 1595 à nos jours, Genève 1987.

qui ont été mis en œuvre à diverses époques. Nous sommes même convaincus que ces enfants-là sont bien l'objet d'un processus d'occultation : impossibilité de trouver des traces de certaines histoires de vie. Les archives institutionnelles sont très souvent détruites ou inaccessibles. Combien de fois avons-nous eu le sentiment, et même la preuve, qu'il existait une véritable politique de « terre brûlée » à l'égard des traces et témoignages de l'existence et du sort réservé à cette population. Il faut attendre que quelques scandales retentissent dans la presse et les médias au milieu du XXe siècle pour voir apparaître quelques enquêtes sur le fonctionnement de l'une ou l'autre institution.

Nous pouvons constater que les philanthropes de mouvements évangéliques ont une conscience remarquablement aiguë de la misère causée par le capitalisme, tandis que cette conscience est malgré tout assez rare en milieu protestant, où dans l'ensemble on est peu au fait des réalités de la classe indigente. Ces grands laïcs et leurs pasteurs sont confrontés à cette indigence, ils font acte de solidarité et payent de leur personne, même s'il est permis de ne pas apprécier leur paternalisme autoritaire et bienveillant, ou de lui attribuer des motifs naïfs ou intéressés. Sur le plan plus large de la promotion sociale, le Réveil se montre tout aussi novateur. Bon nombre d'ouvriers fréquentent les assemblées où ils peuvent faire l'apprentissage de la prise de parole et de la démocratie à travers la participation et la gestion de décisions. Les hommes du Réveil sont présentés comme des patrons modèles (comme Daniel Legrand, disciple d'Oberlin et grand champion de la cause biblique).

C'est aussi dans la promotion de la femme que le Réveil joue un grand rôle, aussi méconnu qu'important. Le comte de Zinzendorf est considéré comme un précurseur de l'éducation des filles. Il ouvre le pensionnat « Montmirail » près de Neuchâtel. À Genève, les idées moraves ont été un des principaux aliments du Réveil. Vers 1780 déjà, cette communauté compte 80 membres, dont essentiellement des femmes de la haute société. Nous savons aussi qu'au début du XIXe siècle, les premières écoles privées à Genève sont nées du Réveil.[15] En 1821, César Malan fonde une école primaire de filles, dont son épouse est nommée directrice. En général, les communautés évangéliques créent des écoles

---

15 Rita Hofstetter, Le Drapeau dans le cartable, histoire des écoles privées à Genève au XIXe siècle, Carouge-Genève 1994.

particulières pour l'alphabétisation et l'évangélisation, dans lesquelles beaucoup de femmes sont actives. En 1831, la Société évangélique du Bourg-de-Four est réservée aux filles.[16] La façon dont les « sœurs » sont traitées en égales dans ces communautés scandalise les pasteurs de l'Église officielle ! Ce sont les grandes dames du Réveil qui n'hésitent pas à assurer des responsabilités réservées jusque-là au « sexe fort » ; l'exemple sera largement suivi.[17]

Le Réveil se montre également novateur dans le domaine de la jeunesse. Fondé en 1844, le mouvement des Unions chrétiennes de jeunes gens, bientôt suivi par sa contrepartie féminine, prendra très vite pied en Suisse et en France. En 1852, Paris a son UCJG, dont fait partie Henri Dunant, fondateur de la Croix-Rouge et momentanément absent de Genève. C'est dans son sein que naît le scoutisme français, qui joue un rôle si important entre les deux guerres mondiales, tant sur le plan éducatif que religieux. Modèle hélas repris par diverses idéologies pour éduquer et endoctriner la jeunesse.

Nous trouvons également en Suisse romande un très grand mouvement issu de la mouvance du Réveil, soit la lutte contre l'alcoolisme ; avec, dans la deuxième moitié du XIXe siècle, les œuvres de la Croix-Bleue. Fondée en 1877, c'est « une œuvre de foi, d'espérance et d'amour » qui propose aux victimes de l'alcoolisme « un engagement d'abstinence, pris avec l'aide de Dieu ».[18] Une pédagogie d'aide est conceptualisée, une formation interne est mise sur pied et des statistiques existent tant sur le nombre d'alcooliques recensés dans les villages et les villes, que sur le nombre de succès enregistrés grâce au système mis en place. Il s'agit d'un travail social technologisé, armé pour la prévention et se livrant à de nombreuses campagnes de propagande. « L'Espoir » est la branche éducative de ce mouvement, destiné aux enfants ; elle organise de nombreux camps et colonies de vacances en se servant de pédagogies actives et en formant ses moniteurs.

---

[16] Anne-Marie Käppeli, Aperçu historique des écoles privées du Lien entre Réveil religieux et émancipation féminine, Lausanne 1994.

[17] Denise Francillon, Valérie de Gasparin, une conservatrice révolutionnaire, Lausanne 1994.

[18] Alexandre Morel, Les Temps héroïques de la Croix-Bleue, mémoire d'un Vétéran, Neuchâtel et Paris 1925.

8. De l'intériorité charitable à l'organisation totalisante

Il y a quelque chose qui apparaît dans l'intériorité charitable des « Réveillés » ou des chrétiens qui n'est plus évangélique, mais bien de type violent et colonisateur. Nous pouvons constater cette dérive dans bon nombre d'archives institutionnelles consultées. Pauvreté et absence de morale (péché) vont de pair. Cet axiome appliqué dans l'asile rural et agricole, ou dans d'autres institutions destinées à recevoir des enfants « pauvres ou/et abandonnés », explique en partie la création d'un milieu de type carcéral et totalitaire.[19]

Par exemple, en 1827 à Lausanne, un « asyle » (Asile du Maupas) voit le jour sous l'impulsion d'un pasteur réveillé, le pasteur Scheller. Cette initiative est d'une certaine manière emblématique des créations nombreuses du début du XIXe siècle. Le comité de cet asile s'inspire de diverses réalisations et se réclame de la pensée de Pestalozzi. Mais c'est avant tout l'œuvre de Fellenberg, à Hofwyl, qui est retenue comme modèle fondateur. Également l'école du vénérable Zeller, l'Asile de Carra à Genève, est citée comme référence à utiliser ; diverses correspondances sont visibles dans les débats du comité. Au sein de la Société suisse d'utilité publique, en 1824, les écoles de Hofwyl et de Carra sont données comme exemples et comme modèles, leur pédagogie et leur organisation faisant en quelque sorte école.[20]

Nous trouvons une description complète faite par Daniel-Alexandre Chavannes, pasteur à Vevey, après une visite rendue à Hofwyl.[21] Lui aussi conseille à toutes ses connaissances engagées dans l'action philanthropique des « Réveillés » de s'inspirer de ce modèle. Il faut ajouter que la plupart des jeunes gens des familles aisées et aristocratiques des cantons protestants romands passent par l'institut Fellenberg et sont influencés par le modèle de l'asile rural et les relations avec « les pauvres enfants » qu'ils apprennent à pratiquer.

L'Asile du Maupas est très vite jugé comme dépassé par son comité, et surtout trop petit pour accueillir « quelques enfants arrachés à la corruption ». C'est une école rurale dont « le canton a un grand besoin » et un nouveau comité est nommé, composé de MM. Rivier, Reudon et

---

19 Pierre Avvanzino, Histoires de l'éducation spécialisée (1827–1970), Lausanne 1993.

20 Société Genevoise d'Utilité Publique, Rapport, Genève 1831.

21 Daniel-Alexandre Chavannes, J. S. V. U. P., Lausanne 1845, 11.

Gautard, tous issus de la mouvance du Réveil. Il ne s'agit plus d'une approche attentionnée sous l'égide bienveillante de *Vater Pestalozzi*, mais bien d'un nouveau monde de type carcéral, avec le cortège de dispositions qui caractérisent ce type de milieu « éducatif ». Régime rigoureux et travail aux champs, instruction limitée, uniforme et rassemblement en rang plusieurs fois par jour, création de deux cachots, interdiction des visites extérieures, punitions corporelles exemplaires.[22] C'est l'asile rural vaudois à Échichens qui voit ainsi le jour en 1828, soit une année après la création de l'Asile du Maupas, et qui le remplace.

Les dirigeants de cet asile ne sont visités et contrôlés que par eux-mêmes et, pendant plus d'un siècle, ce modèle fondé « à perpétuité » n'évolue pas. Divers drames se produisent, il y a des fugues, des suicides, des décès inexpliqués, des dénonciations diverses, mais pas de remise en question du modèle pédagogique, les dysfonctionnements étant attribués au caractère « vicieux » des enfants. Pourtant il s'agit bien d'une institution, d'un lieu de résidence et de travail où un grand nombre d'individus placés dans la même situation, coupés du monde extérieur pour une période longue (plusieurs années), mènent ensemble une vie recluse dont les modalités sont explicitement et minutieusement réglées. Les dysfonctionnements, qui obligatoirement surviennent sous forme de transgressions diverses, produisent une institution qui, pour se légitimer et tenir son cadre, ne peut que devenir violente. Ce modèle s'est complètement éloigné de la pensée et des pratiques de Pestalozzi ou de Fellenberg à Hofwyl.

Souvent nous nous sommes interrogés sur le fait que des chrétiens très engagés, se référant sans cesse aux écrits bibliques jusqu'à saturation de leurs paroles, ne décèlent pas dans leurs pratiques les pièges d'une forme de « totalitarisme éducationnel ». Ce système général qui nous tient en vie, fait de relations affectives et d'accrochages familiaux, est découpé parfois point par point dans la vie austère de l'asile. La monotonie dans la vie quotidienne, une obéissance absolue, l'impossibilité de vivre des relations sociales hors du contexte institutionnel balisent un espace sans grand espoir. Le seul refuge possible et voulu est dans la prière et la

22 Mémoire relatif au projet de fonder un Asile rural dans le canton de Vaud, Lausanne 1828.

croyance sans faille aux préceptes enseignés.[23] C'est une fuite éperdue dans la peur de soi-même par absence de relation et en plus du désespoir suscité par celle-ci, avec comme refuge ultime, la violence ou le suicide. Quand on y regarde de près, ces œuvres sauvegardées « par le Très Haut » se réclament d'une culture pédagogique du simplisme, sans théorie compliquée. Mais aussi d'une culture établie pour toujours, « pour l'Éternité », qui repose sur La Vérité et de ce fait qui assure le succès.

Il faudra attendre plus d'un siècle pour que ce modèle soit interpellé et mis en cause de manière virulente par l'opinion publique, les médias et des dénonciations instruites par des parents ou le corps enseignant. La très populaire « Gazette de Lausanne », en septembre 1942, lance l'offensive. Elle est suivie par d'autres journaux ! Nous trouvons par exemple un article paru dans l'« Illustrierter Familienfreund » du 23 octobre 1943. Nous en donnons ci-après la traduction de quelques éléments :

> Nous avons trouvé une institution répondant à cette description sur les hauts de Morges. L'Asile d'Échichens, juste au-dessus des vignes bénies, forme de bons domestiques agricoles. Quand les gamins de cet asile ne sont pas au travail, ils traînent tristement dans des habits trop grands et sont parfois vêtus de vieux uniformes. En les voyant on pourrait croire avoir été déplacé dans un camp d'enfants à la frontière espagnole.

Dans le journal « Construire » du 20 octobre 1944, nous trouvons le témoignage d'un ancien d'Échichens. Il aurait fait grand bruit dans l'opinion publique de l'époque. C'est un très long texte qui donne une série d'informations sur la vie quotidienne de cette institution. Nous en donnons ci après un très bref extrait.

> Pour Girardier vint son dernier hiver. Il devait communier à Pâques et partir en place chez un paysan. Nous étions condamnés à devenir un jour ou l'autre valet de ferme. Girardier, malgré les années, n'avait pas appris à lire, et il mouillait son lit deux à trois fois par semaine. « Girardier montre-moi ton lit !» C'était en février. Dehors la bise soufflait. Il y avait 10 centimètres de neige et le givre étoilait les vitres. L'instituteur, mains derrière le dos, attendait que Girardier eut replié sa couverture et le drap de dessus. « Cochon, tu as de nouveau pissé ! Viens avec moi. » Le remède, en ce cas-là, était aussi automatique qu'efficace. Le coupable était jeté tout habillé dans la fontaine,

---

23 Geneviève Heller/Pierre Avvanzino/Cécile Lacharme, Enfance sacrifiée, Lausanne 2005, 71–131.

> entre l'écurie et la porcherie. Ce matin-là, Girardier dut casser lui-même la glace avant le bain. On l'emporta deux jours plus tard à l'hôpital. Quand on le ramena dans son cercueil, le directeur nous rassembla au réfectoire et fit un beau culte. La sœur de Girardier était venue de très loin pour la cérémonie …

Nous trouvons également des rapports officiels, notamment de l'Office cantonal des mineurs, le 20 octobre 1943, du Service de la prévoyance sociale et de l'assistance publique également en 1943, un rapport adressé au chef du Département de l'intérieur, des remarques appuyées du Département de l'instruction publique.[24]

> Trop souvent nous avons dû constater la façon précaire dont les enfants étaient vêtus et chaussés, leur teint un peu grisaille qui fait craindre une hygiène insuffisante, leur aspect chétif souvent, et leurs yeux mélancoliques […]. Nous avons toujours pensé que l'exploitation agricole prenait le pas sur tout le côté éducatif […]. C'est l'état d'esprit général d'Échichens qui est en cause, le manque de sollicitude directe et individuelle pour chaque enfant qui est à déplorer. [25]

Ce qui nous frappe, c'est le fait que les divers rapporteurs ne rencontrent jamais les enfants dans leurs diverses inspections, la parole de ces derniers étant considérée comme nulle et non avenue.

Qu'est-ce qui s'est perverti, s'est en quelque sorte aveuglé chez ces chrétiens miséricordieux lorsque se déclenchent des comportements excessifs, cruels ou pervers ? Une réflexion éthique et philosophique serait nécessaire.

Tout au long de mon travail historique qui est effectif depuis plusieurs décennies, je constate combien des témoignages et des constats avérés ont de la peine à être simplement enregistrés comme sources et matériel exploitable par les historiennes et les historiens. C'est de la « petite histoire » qui est subjective et quérulente, me renvoient souvent mes collègues, mais également des autorités en tous genres, civiles et religieuses, des gens de l'Académie, des pédagogues avertis. Ce constat récurrent, il est vrai en passe d'évolution depuis peu, m'amène à réfléchir sur les con-

---

24 Pierre Avvanzino, Histoires de l'éducation spécialisée (1827–1970), Lausanne 1993, 143–163.

25 Rapport de l'Office cantonal des mineurs du 20 octobre 1943, Lausanne 1943.

ditions qui permettent à des paroles d'exister et de prendre place dans ce qui fonde des faits historiques.

Dans une société comme la nôtre, on sait bien que l'on n'a pas le droit de tout dire, que l'on ne peut pas parler de tout dans n'importe quelle circonstance, que n'importe qui, enfin, ne peut pas parler de n'importe quoi. Tabou de l'objet, rituel de la circonstance, droit privilégié de celui qui parle. Les enfants victimes de mesures diverses de coercition ne correspondent à aucun de ces critères, ils ne font pas partie des cercles que sont les sociétés savantes d'autrefois, les laboratoires et unités de recherche d'aujourd'hui, ou encore de commissions d'experts divers. Certains d'entre eux ont dû aller jusqu'au bout d'eux-mêmes pour être entendus, c'est-à-dire mettre leur vie comme enjeu ultime pour acquérir fugitivement ce droit. Le discours a beau être bien peu de chose, les interdits qui le frappent révèlent son lien avec le désir, le pouvoir, la dissimulation.

9. L'avenir de ce passé

Pour terminer notre propos, nous notons que l'essentiel de l'aide sociale en Suisse romande, au début du XIXe siècle, est aux mains des « Réveillés ». Pour conjurer la montée de l'insoumission représentée souvent par « le socialisme » et par les organisations syndicales montantes, les philanthropes veulent confiner l'analyse des causes de la misère et des solutions à lui apporter, dans le champ du « moral ». Ils sont dépassés en quelque sorte par la « démocratisation » des œuvres, la dimension morale va faire problème et donner lieu à l'étude des conditions de cette moralisation, ce qui renvoie inévitablement au problème des inégalités sociales.

La révolution chrétienne, qui met au premier plan le devoir de charité, peut permettre d'affronter la révolution sociale qui se dessine, notamment au moment où Marx et Engels publient leur manifeste (« Manifeste du parti communiste », 1848). Ce moyen de lutter contre les inégalités sociales et le paupérisme fait l'objet de diverses propagandes, et des réunions sont organisées dans toutes les villes du canton, mais également dans la Suisse entière. Pour la première fois, le milieu ouvrier tient une explication de type rationnel et non moralisante sur le sort qui lui est réservé et auquel il est asservi. Les milieux protestants, réveillés et libéraux réagissent fortement et condamnent l'étatisme qui ferait disparaître selon eux l'individu.

L'élément moral ne pourra pas rester politiquement neutre. Peu à peu l'État va s'engager ; c'est alors que se posera le problème du rapport entre les œuvres privées et les œuvres publiques. Vers 1890–1900, les œuvres privées ne parviennent plus à faire face aux besoins. Elles sont alors amères face au rôle rempli progressivement par le pouvoir exécutif, à la faveur de différents bouleversements sociaux et de nouveaux équilibres dans les rapports des forces politiques.

Cependant, la philanthropie comme modèle d'action sociale des élites fortunées perdurera tout au long de la première moitié du XXe siècle en se mettant régulièrement en concurrence avec l'organisation étatique. On assistera à l'apparition d'un prolétariat actif en politique avec la création du Parti socialiste suisse en 1888 qui contestera avec virulence ce paternalisme philanthropique. Dans ce contexte, l'État de Vaud devient le promoteur de plus en plus actif de réformes des politiques sociales, tandis que les milieux libristes se profilent dans un hygiénisme social visant à la moralisation de la vie publique. Des organisations telles que le Cartel romand d'hygiène sociale et morale, ou encore la Ligue Pro Familia verront le jour ; plus tard également l'AVOP, (Association vaudoise des œuvres privées) se réclame dans ses statuts de sa filiation avec le Cartel romand d'hygiène sociale et morale. Des élites économiques et sociales se préoccupent des ravages de l'alcool, frein à la productivité et facteur de paupérisation. Sous les auspices de la SVUP (Société Vaudoise d'Utilité Publique), la moralisation de la vie publique se manifeste autour de la lutte antialcoolique.

L'idée d'un christianisme social fait son chemin et est influencée par la conscience d'une économie sociale et politique possible. Cependant les liens entre religion et société, ou encore entre Église et État ne parlent pas de laïcisation. L'engagement chrétien reste avant tout individuel, une affaire entre soi et Dieu et non une conquête politique et législative.

Die Armenerziehungsanstalt Trachselwald im Kontext der sozial-politischen Programmatik von Jeremias Gotthelf

Lukas Künzler

1. Einführende Bemerkungen

Der Berner Pfarrer und Schriftsteller Albert Bitzius (1797–1854) – besser bekannt unter seinem Pseudonym Jeremias Gotthelf – beobachtete mit Sorge die zunehmende Massenverelendung der landarmen Unterschichten im Emmental, welche im mittleren 19. Jahrhundert stark unter dem Pauperismus litten.[1] Sein Engagement im Armenwesen manifestierte sich unter anderem in der Publikation einer sozial-politischen Streitschrift, der «Armennoth». Darin widmet Gotthelf der Entstehungsgeschichte und dem Konzept einer Armenanstalt, die zunächst in Sumiswald gegründet wurde und später nach Trachselwald übersiedelte, viel Raum.

Unter Berufung auf Johann Heinrich Pestalozzi (1746–1827) ruft er dazu auf, arme Kinder notfalls unentgeltlich in Anstalten ausserhalb ihres verderblichen Umfeldes aufzunehmen, wobei es nicht nur um das Versorgen mit Kleidern und Nahrung, sondern um die richtige Erziehung im Zeichen der christlichen Nächstenliebe gehe. Diese gründe ihr Werk allerdings nicht auf steinerne Mauern und papierne Ordnungen, sondern auf die Tüchtigkeit eines Ehepaars.[2] Darin kommen zentrale Aspekte von Gotthelfs Anthropologie des Kindes sowie seiner Ablehnung zentralstaatlich-bürokratischer Einrichtungen zum Ausdruck. Sein Ansatzpunkt zielte auf eine Innerlichkeit ab, die er als Gegensatz zu institutionalisierten «Äusserlichkeiten» wie Verfassungen, (Armen-)Gesetzen, Lehrplänen oder (Anstalts-)Hausordnungen verstanden wissen wollte.

---

1 Zum Pauperismus-Begriff vgl. Stefan Jäggi, Art. Pauperismus: Historisches Lexikon der Schweiz; im Folgenden HLS genannt.

2 Siehe Jeremias Gotthelf, Die Armennoth: Sämtliche Werke in 24 Bde.n [und 18 Ergänzungsbänden], hg. von Rudolf Hunziker u. a., München/Erlenbach-Zürich 1911–1977. Bd. 15, bearbeitet von Rudolf Hunziker, Erlenbach-Zürich 1925. Im Folgenden werden die Bände mit SW, die Ergänzungsbände mit EB gekennzeichnet.

Damit formulierte Gotthelf gleichzeitig eine Kritik an der Gegenwart, die er als geistlos und technisch perhorreszierte.

Jeremias Gotthelf wird gemeinhin in der schweizerischen Öffentlichkeit als Propagandist eines konservativen Weltbildes gehandelt. Auch in der wissenschaftlichen Forschung herrschte bislang Einigkeit darüber, wie Gotthelfs Beurteilung der Armut einzuschätzen sei: Bei ihm sei diese, so das allgemeine Fazit, nicht Elend, Proletariat oder Verzweiflung, sondern eine christliche Kategorie.[3] Die reale Not werde idealisiert.[4] Während er sich in den frühen Werken – etwa im Bauernspiegel – noch für die sozialen Probleme der Unterschicht interessiert habe, sei bereits die «Armennoth» Ausdruck davon, dass er sich auf die Seite der Besitzenden geschlagen habe.[5] Mit seiner apokalyptischen Pest- und Cholerametaphorik schüre er Ängste der Besitzenden vor den Armen.

Im Folgenden möchte ich eine These meiner Dissertation, die zurzeit im Rahmen der neuen Historisch-Kritischen Gesamtausgabe an der Universität Bern entsteht, vorstellen. Sie bietet eine neue Lesart der «Armennoth» an, nach der Gotthelfs Wirken eher als eigenständiger Versuch gewertet werden soll, eine sozial verträgliche und nachhaltige Lösung zur Diskussion zu stellen, wobei er sich nicht nur am Puls der Zeit, sondern – was die Beurteilung zeitgenössischer Konzepte in der Armenpädagogik betrifft – gar an der Spitze einer Reformbewegung befand, die gegen etablierte Autoritäten opponierte.

Ausgangslage für die Fragestellung sind dabei zwei Punkte. Zum einen ist es der Umstand, dass das Bild seiner Anstalt bislang negativ geprägt war: Sie sei schlecht organisiert gewesen und habe nicht einmal über eine richtige Hausordnung oder ein Reglement verfügt. Nachweisbar sei dies durch Briefe eines Armenlehreradjunkten, der sich im Rahmen seiner Ausbildung 1842/43 in der Anstalt aufgehalten hatte und darin von schlechten Zuständen berichtete:[6] Nicht Gott, sondern der

---

3 So bei Walter Nigg, Wallfahrt zur Dichtung, Zürich 1960.

4 Reinhild Buhne, Jeremias Gotthelf und das Problem der Armut (Basler Studien zur Deutschen Sprache und Literatur 36), Bern 1968.

5 Diese Meinung vertritt Hans Dietrich Dahnke, Probleme der Gesellschaftsauffassung und -darstellung bei Jeremias Gotthelf, Berlin 1956.

6 Peter Dietz, Ein junger Appenzeller über Jeremias Gotthelfs Armenerziehungsanstalt Trachselwald, in: Berner Zeitschrift für Geschichte und Heimatkunde 19 (1957), 12–43, 14.

Teufel walte im Hause.[7] Zum andern wird ein Punkt infrage gestellt, der bislang in der Forschung wenig hinterfragt wurde. Die Anstalt sei, so der allgemeine Konsens, nämlich in einer direkten Konzeptionslinie «Pestalozzi-Fellenberg-Wehrli» – ich werde noch darauf eingehen – gestanden, wie andere Anstalten auch, die gleichzeitig mit ihr ins Leben gerufen worden seien.[8]

Meine These nun lautet, dass die fehlenden Hausordnungen keiner Nachlässigkeit der Verwaltung entspringen, sondern Ausdruck einer staatsphilosophischen und anthropologischen Haltung sind, die Gotthelf in der «Armennoth» klar zum Ausdruck bringt. Damit wollte er sich, wie ich meine, gleichzeitig von Philipp Emanuel von Fellenberg (1771–1844) und Johann Jakob Wehrli (1790–1855) – in Abschnitt 3. wird auf beide näher eingegangen – abgrenzen. Die eigene Anstalt ist dabei als Konkurrenzprojekt aufzufassen und nicht als ein Kind im Geiste dieser beiden.

2. Anstaltsjahrhundert und religiös-philanthropische Gemeinnützigkeit

In einem ersten Schritt soll diese Linie «Pestalozzi-Fellenberg-Wehrli» in den allgemeinen Forschungsstand zum Anstaltswesen eingebettet und dabei auch auf die Welt- und Menschenbilder eingegangen werden, die das Fundament von Gotthelfs Vorstellungen über Armenerziehung bilden. Dies soll auch eine Annäherung an das Argumentationsmuster der «Armennoth» ermöglichen. Als Kind Gottes habe der Mensch, so Gotthelf im zweiten Kapitel seiner «Armennoth», zu versuchen, Gott auf der Erde zu vertreten – so wie ältere Geschwister den jüngeren Vater und Mutter zu sein versuchen müssten oder wie Eltern gegenüber ihren Kindern Gott zu vertreten hätten, so hätten die Begüterten eine Verantwortung gegenüber den Armen.

---

7 Jeremias Gotthelf: Historisch-Kritische Gesamtausgabe: Barbara Mahlmann-Bauer u. a. (Hg.). Abteilung F, Politische Publizistik 1828–1854, Bd. 1.2. Hildesheim 2012, 365 – im Folgenden mit HKG F 1.2 gekennzeichnet.

8 Etwa bei Dietz, Ein junger Appenzeller (vgl. Anm. 6), 12f. Zum Anstaltswesen vgl. Peter Chmelik, Armenerziehungs- und Rettungsanstalten. Erziehungsheime für reformierte Kinder im 19. Jahrhundert in der deutschsprachigen Schweiz, Zürich 1978.

Damit steht Gotthelf in der geistigen Gefolgschaft Pestalozzis.[9] Wie die Dissertation von Manuela Heiniger gezeigt hat, findet in Gotthelfs Ausführungen eine Auseinandersetzung über die Dualität und Mangelhaftigkeit des Menschen, wie sie bei Herder angelegt ist, statt.[10] Gotthelfs anthropologische und ethische Auffassung beinhalte, so Heiniger, dass jedem Menschen grundsätzlich die Vernunftanlagen sowie ein Trieb zur Vervollkommnung bereits inhärent seien und durch Vermittler oder Institutionen nur ausgebildet werden müssten. Diesem Denken liegt die Vorstellung eines «zwar aufgrund seiner tierischen Anlage mangelhaften und daher erziehungsbedürftigen, aber grundsätzlich auch zur Mündigkeit erziehungsfähigen Individuums»[11] zugrunde. Die Leib-Seele-Dichotomie ist eine Kernthematik von Gotthelf. In der «Armennoth» weist er darauf hin, dass der Mensch, der eine Seele besitze, als Tier geboren werde und anderer Menschen bedürfe, die mittels Liebe und zwischenmenschlichem Kontakt diese Seele «wecken, nähren, entbinden»[12] würden.

Wenn nun die Familie durch Armut diese Rolle nicht mehr wahrnehmen könne, so müssten dies andere Institutionen wahrnehmen, etwa Anstalten, die Familien nachempfunden seien, mit einem Erzieher-Ehepaar in der Funktion der Eltern und den Zöglingen als gegenseitigen Geschwistern. Das Armutsproblem könne nur gelöst werden, wenn man die Seelen der armen Kinder rette. Man müsse zwingend in frühen Kindesjahren die Ausbildung dieses grundsätzlich in jedem Menschen, ob reich oder arm, angelegten göttlichen Keims ermöglichen. Gotthelf kann mit dieser Haltung relativ präzise in die Strömungen seiner Zeit eingeordnet werden. Nebst dem Herder'schen Entwicklungsgedanken kommt eine Hochschätzung des Kindes zum Ausdruck, wie sie im Umfeld der Romantik verbreitet war.[13] Friedrich Schleiermacher (1768–1834), von

---

9 Als Standardwerk zur Pestalozzi-Rezeption gilt die Habilitationsschrift von Fritz Osterwalder, Pestalozzi – ein pädagogischer Kult. Pestalozzis Wirkungsgeschichte in der Herausbildung der modernen Pädagogik, Weinheim und Basel 1996.

10 Manuela Heiniger, Der mündige Bürger. Politische Anthropologie in Jeremias Gotthelfs *Bildern und Sagen aus der Schweiz*, Hildesheim 2015, 60.

11 Heiniger, Bürger (vgl. Anm. 10), 407.

12 SW 15 (vgl. Anm. 2), 111.

13 Vgl. Meike Sophia Baader, Die romantische Idee des Kindes und der Kindheit. Auf der Suche nach der verlorenen Unschuld, Berlin 1996.

prägendem Einfluss auf Gotthelf, lud die romantischen Konnotationen von Kindheit und Kindlichkeit religiös auf.[14] Diese Position wurde auch von Fröbel, dem Schöpfer des Kindergartens, geteilt.[15] Im Einklang mit Schleiermacher verwirft er es, im Leben des Kindes etwas rein Physisches anzunehmen, ohne dass etwas Intellektuelles beteiligt wäre. Der Kindergarten als pädagogisches Konzept war das Projekt, Bedingungen zu schaffen, um das Göttliche im Kind besonders zu pflegen.

Die Vorstellung, arme Kinder in eigenen Anstalten zu versorgen, begann sich gegen Ende des 18. Jahrhunderts langsam durchzusetzen. Auf Pestalozzi basierten verschiedene Richtungen, welche ihren Beitrag zum 19. Jahrhundert als «Anstaltsjahrhundert» leisteten. Grundsätzlich kann man dabei zwischen aufklärerisch-philanthropischen Armenerziehungsanstalten, pietistischen Rettungshäusern und katholischen Heimen im Geiste Florentinis unterscheiden.[16] Die erwähnte Linie «Pestalozzi-Fellenberg-Wehrli» gilt als europaweit bekannte Ausprägung der ersten dieser Richtungen.

3. Machtkampf in der bernischen Bildungs- und Sozialpolitik

Der Berner Patrizier Philipp Emanuel von Fellenberg leitete im Bernischen Hofwil ein pädagogisches Zentrum – übrigens das historische Vorbild der «pädagogischen Provinz» in Goethes «Wilhelm Meister». Neben einer Bildungsstätte für Privilegierte entstand 1810 eine Armenschule, die unter ihrem Leiter, Johann Jakob Wehrli, als «Wehrlischule» bezeichnet wurde. Auf der ganzen Welt entstanden nun Armenschulen nach diesem Muster. Gemeinsam war allen die familiäre Organisationsstruktur, das heisst überschaubare Einheiten bis etwa 40 Personen, was

---

14 Zu Schleiermacher siehe Stephanie Bermges, Die Grenzen der Erziehung. Eine Untersuchung zur romantischen Bildungskonzeption Friedrich Schleiermachers (Studien zur Pädagogik der Schule 34), Frankfurt a. M. 2010.

15 Manfred Berger, Friedrich Fröbels Konzeption einer Pädagogik der frühen Kindheit, in: Martin Textor/Wassilios Fthenakis (Hg.), Pädagogische Ansätze im Kindergarten. Weinheim und Basel 2000, 10–22.

16 Jürg Schoch/Heinrich Tuggener/Daniel Wehrli (Hg.), Aufwachsen ohne Eltern. Verdingkinder, Heimkinder, Pflegekinder, Windenkinder – Zur ausserfamiliären Erziehung in der deutschsprachigen Schweiz, Zürich 1989, 18.

in einem Gegensatz zur üblichen Praxis der städtischen Waisenhäuser stand. Man glaubte an die formende Kraft der ländlich-agrarischen Lebens- und Produktionsgemeinschaft, die mit eigenen Schulen ausgestattet wurden. Fellenberg war damit im Kanton Bern der unangefochtene Doyen in der Bildungs- und Sozialpolitik.

Diesen Führungsanspruch meldete er auch nach 1831 an, als das patrizische Regime endgültig abdankte. Gotthelf war bei dieser Umwälzung einer der Wortführer der Opposition. Mit der neuen liberalen Verfassung nahm im Kanton Bern eines der grossen Projekte der damaligen Zeit, die Schulreform, seinen Anfang. Wie Lotte Geppert dokumentiert hat, versuchte der neue Bildungsdirektor, Regierungsrat Johannes Schneider (1792–1858), Friedrich Fröbel (1782–1852) als führende Kraft für eine in die Breite gehende Neuordnung zu gewinnen. Die nach neuen Gesichtspunkten aufgebaute kantonale Lehrerbildung und Sozialpädagogik sollte unter dessen Erziehungsvorstellungen zur Entfaltung gebracht werden.[17] Damit sollte das Schulwesen der Handlungs- und Deutungshoheit Fellenbergs entzogen und auf eigene Beine gestellt werden. Ein staatliches Lehrerseminar sollte entstehen und die Lehrer bis dahin an einem anderen Ort als bei Fellenberg weitergebildet werden.

Darum entspann sich nun eine heftige Polemik, da Fellenberg und seine Anhänger vehement dagegen opponierten. In diesen Streit war auch Gotthelf, der sich für das neue Schulsystem engagierte, involviert.[18] Besonders kritisierte er die gängigen Methoden, etwa das Auswendiglernen von Lehrsätzen, deren Sinn die Schüler gar nicht begreifen würden.[19] Fröbel konnte nun nach Bern geholt und 1834 mit der Leitung dieser Lehrerkurse anvertraut werden. Es scheint, als ob sich Fröbel nun gleichgesinnte Pädagogen suchte; dabei sprach er, wie das Besucherverzeichnis des Pfarrhauses in Lützelflüh belegt, auch mehrmals bei Gott-

---

17 Siehe Lotte Geppert, Friedrich Fröbels Wirken für den Kanton Bern, Bern 1976. Zu den sozialpädagogischen Ideen von Fröbel vgl. Carsten Müller, Sozialpädagogik als Erziehung zur Demokrtaie. Ein problemgeschichtlicher Theorieentwurf, Kempten 2005, 244f.

18 Vgl. HKG F 1.2 (vgl. Anm. 7), 211–221.

19 Zur Kritik am Religionsunterricht in Hofwil und an Fellenberg siehe HKG F 1.2 (vgl. Anm. 7), 286–302.

helf persönlich vor, um ihn schliesslich zur Mitarbeit zu gewinnen.[20] Gegenüber seinem Freund Joseph Burkhalter (1787–1866) schrieb Gotthelf: «Fröbel hat nämlich viel Ähnliches mit Pestalozzis Entwicklungsmethode des Menschen, hat dieselbe nur auf eigene Weise sich ausgearbeitet, während die meisten andern Pädagogen nicht sowohl Erzieher als Lehrer sind, d. h. in den Menschen so viel als möglich hineinschütten, statt so viel als möglich aus ihm herauszubringen.»[21] Auch Ferdinand Friedrich Zyro (1802–1854), Professor für Theologie an der Universität Bern, empfahl Fröbel dem Erziehungsdepartement. Er schrieb: «Ohne alle Vorbereitung werden hier die Kinder in kurzer Zeit zu eigentlichen Künstlern gebildet, deren Werke, im Zeichnen und Bauen, auf mathematische Anschauung gegründet, jeden Schulfreund in freudige Verwunderung setzen müssen. Nirgends, weder in Deutschland noch in der Schweiz, kam mir Gleiches zur Ansicht. Es muss aber diese Bildung, die ganz von innen heraus gewirkt wird, für den Künstler und Handwerker wie für den Bürger und Landmann die trefflichste Vorbereitung auf das erwerbende Leben sein. […] Es ist da nicht die Rede von Modellen u. Vorschriften, die man den Kindern vorlegte, wie es etwa geschieht, sondern die Kinder bilden jedes in seinem Sin[n] nach den immanenten Gesetzen des Geistes, unbegreiflich wunderbar und schön.»[22]

Die Kritik der Fellenbergianer an den Lehrerkursen übertrug sich zunehmend polemisch auf Fröbels Person überhaupt; seine umständlich formulierten Thesen waren schwer kommunizierbar. Regierungsrat Schneider konnte Fröbel nur noch für das Jahr 1835 halten. Fröbel, der von seinen Gegnern in Bern als revolutionärer Konkurrent empfunden wurde,[23] kehrte schliesslich nach Deutschland zurück, wo sein Konzept des Kindergartens zum Durchbruch gelangte.

---

20 Alfred Reber/Hans Riedhauser (Hg.), Gotthelfs Gäste. Besucherverzeichnisse 1832–1850, Bern 2004, 96–108.

21 Bitzius an Burkhalter, 10. Oktober 1834. EB 4 (vgl. Anm. 2), 177f.

22 Geppert, Wirken (vgl. Anm. 17), 15.

23 Geppert, Wirken (vgl. Anm. 17), 358.

4. Der Verein für christliche Volksbildung[24]

Als Ergänzung zu den pädagogischen Reformen im Schulwesen war 1833 der Verein für christliche Volksbildung gegründet worden, um – nahezu halbstaatlich – die Armenfrage an die Hand zu nehmen.[25] Regierungsrat Schneider, einst selbst von Pestalozzi ausgebildet, hätte nun Fröbel auch gerne als Armenlehrer in der neu geplanten Anstalt in Bättwyl bei Burgdorf gesehen. Bättwyl war das grosse Anstaltsprojekt des erwähnten kantonalen Vereins für christliche Volksbildung. Gotthelf war führend bei der Gründung einer eigenen Zweigsektion des Vereins in seinem eigenen Bezirk.[26] Im Februar 1834 schritt dieser Bezirksverein zu einer eigenen Spendenaktion.[27] Die kantonale Direktion forderte ihn in einem geharnischten Schreiben umgehend auf, das Geld in die Centralkasse einzuzahlen. Gotthelf liess es zusammen mit seinen Gesinnungsfreunden zum Bruch kommen – man gründete eine eigene Anstalt.[28] Vorab wird in der Literatur darauf verwiesen, dass es Gotthelf zu wenig rasch mit dem Projekt der Zentralanstalt vorwärts gegangen sei. Dass er ungeduldig war, mag stimmen. Trotzdem ging es nach meinem Dafürhalten bei diesem Bruch um mehr – und vor allem um etwas anderes.

Einem Erkenntnisgewinn zweckdienlich ist dabei seine Argumentation in der «Armennoth».[29] Der Lösungsansatz liegt für Gotthelf nicht in der politisch so heftig umstrittenen Sozialgesetzgebung. Eine Zentralisation der Armenfürsorge lehnt er entschieden ab. Der persönliche Kon-

---

24 Siehe dazu insbesondere HKG F 1.2 (vgl. Anm. 7), 360–373.

25 Jakob Schieferdecker, Der Verein für christliche Volksbildung und seine Werke vor 50 Jahren, in: Berner Taschenbuch 35 (1886), 150–173. Siehe auch HKG F 1.2 (vgl. Anm. 7), 272–279.

26 1849 wurden in Bern die Statuten des «Hülfsvereins für christliche Volksbildung im Amte Trachselwald» gedruckt.

27 Vom Aufruf «An alle Freunde wahrhaft christlicher Erziehung armer Kinder» wurden 1500 Exemplare gedruckt. Die Spendensumme belief sich auf rund 3000 Franken.

28 Die Idee, eine eigene Bezirksanstalt zu gründen, wurde an der zweiten Hauptversammlung des Trachselwalder Vereins vom 28. Januar 1834 bekräftigt. Siehe HKG F 1.2 (vgl. Anm. 7), 233–243, 237.

29 Vgl. im Folgenden Lukas Künzler, Die Armennoth. Eine sozialpolitische Streitschrift, in: Martin Stuber/Gerrendina Gerber-Visser/Marianne Derron (Hg.), … wie zu Gotthelfs Zeiten? (Sonderausgabe der Berner Zeitschrift für Geschichte), Baden 2014, 95–105.

takt auf der kommunalen Ebene gewinnt in dieser Perspektive an relevanten Vorteilen gegenüber bürokratischen Strukturen. Nach ihm ist die wichtigste Quelle der Armennot ganz allgemein nicht eine äusserliche, sondern eine innerliche. Das Übel müsse daher von innen angefasst werden. Gesetze würden da wenig helfen; es müsse hauptsächlich in dem Zustande angefasst werden, in welchem es am leichtesten zu heben ist, das heisst für ihn so früh als möglich. Dabei vertrat er die Ansicht, dass eine eigene lokale Anstalt einer kantonalen Zentralanstalt vorzuziehen sei. Gotthelf verwarf die Vorstellung, die Fellenberg im Grossen Rat geäussert hatte, dass nämlich das Armenwesen eine unmittelbare Staatsaufgabe sei. Gotthelf setzte auf überschaubare Transferprozesse: Nur wenn die Spender vor Ort sähen, wie ihr Geld verwendet würde und sie sich durch persönlichen Kontakt mit der Anstalt identifizieren könnten, sei das notwendige Vertrauen gewährleistet. Eine «seelenlose» Zentralisation würde die lebendige zwischenmenschliche Beziehung durch mechanischen Schematismus ersetzen.[30]

5. Im Kampf gegen das Verdingwesen

Das Engagement von Gotthelf muss in einem weiteren Zusammenhang gesehen werden, nämlich dem sogenannten Verdingwesen.[31] Der Verding war eine übliche Form der Fremdplatzierung von Minderjährigen und ging meist mit einer sogenannten Mindeststeigerung einher: Die Gemeinde wies das Kind jenem Bauern zu, der am wenigsten Kostgeld von der Gemeinde verlangte. Diese Steigerungen fanden jedes Jahr im Frühling statt – teils in aller Öffentlichkeit. Gotthelf gilt als früher Kritiker des Verdingwesens, der versuchte, die Öffentlichkeit für das Thema zu sensibilisieren und Missbräuche anzuprangern. Die Aufnahme in der Anstalt sollte solche Formen der Fremdplatzierung verhindern.

Dass ein Mensch und vor allem ein Kind eine Seele habe und dass diese Schaden nehmen könne für ein ganzes Leben lang, thematisiert Gotthelf in seinem ersten Roman, dem Bauernspiegel von 1836. Darin

---

30 Siehe dazu auch HKG F 1.2 (vgl. Anm. 7), 233–243.

31 Eine der ersten akedemischen Studien, welche sich diesem Thema angenommen hat, ist jene von Marco Leuenberger, Verdingkinder. Geschichte der armenrechtlichen Kinderfürsorge im Kanton Bern 1847–1945 (Lizentiatsarbeit), Freiburg 1991.

schildert er in einer fiktiven Autobiografie das Schicksal eines Verdingbuben. Eindringlich schildert er die traumatische Erfahrung der Versteigerung. Er schreibt «[…] O die Menschen wissen nicht, wie schön es in Kinderherzen aussieht, in denen die Liebe aufblüht; sie wissen aber auch nicht, wie zart diese Pflanze ist in ihrem Frühling, und wie leicht ein Frost sie lähmt oder tötet.»[32]

Dabei war die Verdingpraxis lokal verankert; den Kommunalpolitikern, meist vermögenden Bauern, galt sie als kostengünstige Lösung. Anstalten kritisierten die Politiker als nutzlos teuer. Sie erblickten darin eine unnötige Zurückhaltung eines billigen Arbeitskräftereservoirs. Wollte Gotthelf seiner lokalen Anstalt zum Erfolg verhelfen, musste er die Kommunalbehörden und die Bauern von seinem Konzept überzeugen. Darin sehe ich auch den Zugangsschlüssel zu einem Verständnis der politisch-didaktischen Funktion der «Armennoth» und der Rolle ihrer rhetorischen Strategie. Ihr Adressatenkreis waren die lokalen Gremien. Geschickt gibt sich Gotthelf als Laie auf dem Gebiet aus; er sei keiner jener Gelehrten, die fern der Realität in ihrem Studierstübchen sässen. Mit diesem Understatement bediente er einschlägige anti-intellektuelle Ressentiments. Diese Selbstlegitimation ist ein rhetorischer Kunstgriff, wie ich meine. Die sprachgewaltige und eindringliche Pest- und Seuchenmetaphorik sollte die bäuerlichen Kommunalpolitiker wachrütteln – dass Armut vor der Türe stände wie einst die Türken vor den Toren Wiens, ein solcher Vergleich beunruhigte durchaus. Von den verheerenden Choleraepidemien in den Städten hatten die Bauern gelesen, was in ihnen diffuse Ängste weckte. Gotthelf schildert in der «Armennoth» tatsächlich nur am Rand die konkreten Formen und Dimensionen der Armut im Emmental. Er hatte aber auch keinen Grund, dies zu tun: Diese hatten die Bauern, die in den Gemeinderäten und Armenkommissionen sassen, tagtäglich vor Augen. Sie bedurften keiner ausschweifenden Beschreibung. Wenn Gotthelf gekonnt den Jargon der Gemeindestuben einflicht – er spricht von Geld, das man nicht aus dem eigenen «Sack» zahlen wolle – dann nicht, weil er sein Gefühl für soziale Ungleichheit verloren hat, sondern weil er seine Adressaten abholen will.

---

32 SW 1 (vgl. Anm. 2), 72.

6. Die Armenerziehungsanstalt Trachselwald

Parallel zu Bättwyl, dem kantonalen Musterprojekt, wurde am 1. Juni 1835 vorerst in Sumiswald eine eigene Anstalt eröffnet.[33] Als Anstaltsleiter hatte Gotthelf zunächst seinen Freund Burkhalter vorgesehen. Dieser hatte sich ihm gegenüber lobend über Fröbel ausgesprochen: «Sein äusserlich machen des Innern, und innerlich machen des Äussern, die frühe Richtung des kindlichen Gemüts auf das Göttliche in ihm und ausser ihm, die Entwicklung religiöser Gefühle gleichzeitig mit der Entwicklung des Verstandes und der Vernunft, das alles gefällt mir besser als Fellenbergs Behauptung, man müsse den Kindern erst im fünfzehnten oder sechzehnten Jahr die religiösen Wahrheiten beibringen, indem zuerst der Verstand entwickelt sein müsse, um selbige fassen zu können. Denn bei den meisten hat in einem solchen Alter das Gemüt schon eine Richtung genommen, in diesem Fall aber nicht auf Gott, indem es ihn nicht kannte, wohl aber auf eine Menge sinnlicher Gegenstände, mit denen es so angefüllt ist, dass bei vielen kaum mehr ein religiöses Gefühl rege gemacht werden kann.»[34] Der dann gewählte Leiter, Johann Georg Schäfer, war seinerseits von Fröbel ausgebildet worden und genoss das volle Vertrauen von Gotthelf.

Worin bestand nun diese angesprochene Position Fellenbergs? An einer Tagung der Bernischen Gemeinnützigen Gesellschaft am 7. April 1842 ging es um die Frage, ob Anstalten im Kampf gegen den Pauperismus zweckmässig seien und wenn ja, wie man die Bevölkerung von ihnen überzeugen könne.[35] Fellenberg meinte dabei, dass es falsch sei, wenn die Zöglinge mit der Konfirmation entlassen würden. Dies solle erst mit dem 21, wenn nicht gar 24. Altersjahr geschehen. Erst dann sei ihr Verstand in der Lage, religiöse Wahrheiten zu begreifen. Vorher habe das keinen Sinn. Zudem seien sie so in der Lage, die entstandenen Kos-

---

[33] Zur Anstalt liegt eine Lizentiatsarbeit vor. Fabian Wyssbrod, Die Entstehungsgeschichte der Armenerziehungsanstalt Trachselwald. Ein Versuch lokaler Armutsbekämpfung durch die Verbreitung Christlicher Volksbildung, Bern 2009. Siehe auch Friedrich Grossen, Jeremias Gotthelf und die Armenerziehungsanstalt Trachselwald, Bern 1916.

[34] Burkhalter an Bitzius, 7.2.1835: Geppert, Wirken (vgl. Anm. 17), 174f.

[35] Siehe im Folgenden Walter Marti-Glanzmann, Eine Knaben-Erziehungsanstalt auf dem Bättwyl bei Burgdorf 1835–1854, in: Burgdorfer Jahrbuch 10 (1943), 7–96, 57f.

ten abzuarbeiten. Erst wenn sie das Genossene eigenhändig rückerstattet hätten, wären sie sittlich wahrhaftig frei. Andere waren nun nicht einmal der Ansicht, dass Anstalten zweckmässig seien: Ein gewisser Pfarrer Wyss etwa hielt diese für eine Illusion; Not und Elend allein seien die einzig wahren guten Erzieher.[36] Regierungsrat Johannes Schneider trat Fellenberg an dieser Tagung entschieden entgegen: Die Gemeinden seien den armen Kindern eine gute Erziehung schuldig. Von ihnen Kostgeld zurückzuverlangen sei eine Ungerechtigkeit. Dabei brächte es nichts, die Zöglinge nach dem 16. Altersjahr, nach der Konfirmation, noch zurückzuhalten, diese würden nur Unruhe stiften.

Diese Punkte entsprechen jenen Gotthelfs und der Konzeption seiner Anstalt.[37] Vergleicht man die verlangten Kostgelder, wird ersichtlich, dass man in Sumiswald und später, nach dem Umzug, in Trachselwald versuchte, diese so tief als möglich zu halten. Zunächst sollten sie ganz freiwillig sein; später wurde angeordnet, dass sie 32 Franken jährlich nicht übersteigen sollten.[38] In Bättwyl hingegen wurden 50 Franken pro Jahr verlangt.[39] Damit versuchte Gotthelf mit seiner Anstalt in Trachselwald, so meine These, direkt mit der Verdingpraxis zu konkurrieren. Quellenforschungen haben nämlich ergeben, dass das jährliche Kostgeld von Verdingkindern in Sumiswald für das Jahr 1844 zwischen minimal 7.50 Franken und maximal 50 Franken lag. Überwiegend liegen die Kostgelder aber zwischen 20 und 35 Franken.[40] Es erscheint plausibel, dass die mit den lokalen Bedingungen vertraute Anstaltsleitung sich dieses Umstandes genau bewusst war.

Während nun Bättwyl über Grundsätze über den theoretischen Unterricht, eine Hausordnung, Instruktionen für den Lehrer, einen festgelegten Unterrichtsplan und ein Reglement mit Statuten verfügte,[41] findet sich in den Akten von Trachselwald bloss eine Darstellung der

---

36 Marti-Glanzmann, Knaben-Erziehungsanstalt (vgl. Anm. 35), 58.

37 Dies wurde etwa an der 4. Hauptversammlung vom 13. November 1834 bekräftigt.

38 Wyssbrod, Entstehungsgeschichte (vgl. Anm. 33), 66.

39 Staatsarchiv Bern (StABE), Bernischer Hilfsverein für christliche Volksbildung, V Steinhölzli 3: Protokolle, 59.

40 Staatsarchiv Bern (StABE), BB XII A 129, Armenwesen Lokales (1831–1857), Sumiswald, 7. Diese These wird in meiner Dissertation, die zurzeit an der Universität Bern entsteht, aufgenommen und vertieft.

41 Marti-Glanzmann, Knaben-Erziehungsanstalt (vgl. Anm. 35), 21, 26, 31, 33, 34.

wichtigsten Grundsätze, deren Veröffentlichung damit begründet wurde, dass Vorurteile wegen der fehlenden Reglemente in der Bevölkerung herrschen würden. Diese Darstellung, einige allgemeine Floskeln und Formulierungen enthaltend, sollte nach meinem Dafürhalten bloss die erhitzten Gemüter beruhigen, aber eben gerade nicht eine Hausordnung sein und all jenen Reglementen gleichkommen, wie man sie in Bättwyl kannte. Gotthelf scheint hier seine Vorstellungen von In- und Äusserlichkeit in der Praxis umsetzen zu wollen. Als er von externen Stellen darauf hingewiesen wurde, dass der Religionsunterricht seit längerer Zeit ausgefallen sei, gab er zu Bericht, dass er nicht glaube «dass die Anstalt in religiöser Hinsicht so sehr sei vernachlässigt worden», vielmehr gäbe die «seitherige gute Aufführung der entlassenen Zöglinge […] Zeugniss, dass ein guter religiöser Grund in ihren Herzen liege, was freilich nicht sowohl in Worten und Gebärden, als in ihrem ganzen Verhalten an den Tag trete.»[42] Das erinnert an Aussagen im Zusammenhang mit dem Schulunterricht.

Übrigens ist im Zusammenhang mit der Schulmethode auch darauf hinzuweisen, dass gerade in Bättwyl im Unterricht vornehmlich memoriert, d. h. auswendig gelernt wurde.

Der Kantonale Verein für christliche Volksbildung hatte Mühe, vor allem in den Landgemeinden Fuss zu fassen. Die Fühlungnahme mit dem Volk würde fehlen, wie in einem Bericht selbstkritisch festgehalten wurde. Genau das wollte Gotthelf bei seinem Verein, der nunmehr autonom und nicht mehr als Ableger auftrat, und seiner Anstalt mittels der Veröffentlichung der «Armennoth» verhindern. Dass diese 1840 veröffentlicht wurde, ist wohl kein Zufall: 1839 wurden Räumlichkeiten eigens für die Anstalt errichtet, was sehr kostspielig war. Es kam hinzu, dass sich die Bauern von Sumiswald nach dem Umzug der Anstalt nach Trachselwald nicht mehr zuständig fühlten – und sich jene in Trachselwald vernehmen liessen, sie hätten diese Anstalt gar nicht gewollt. In diesen Augenblick fällt die Veröffentlichung der «Armennoth». So versuchte Gotthelf, sich Gehör zu verschaffen. In der «Armennoth» geht er nicht näher auf die Debatte um die richtige pädagogische Konzeption ein; Fellenberg nennt er einen «edlen Spender» und die Abspaltung vom Zentralverein wird kaum thematisiert. Es scheint, dass Gotthelf eine

42 Zit. nach Dietz, Ein junger Appenzeller (vgl. Anm. 6), 40.

neue Polemik vermeiden wollte: Zu viel stand auf dem Spiel, solange es – wie ein Votum von der Tagung der Gemeinnützigen Gesellschaft in Bern bezeugt – sogar seitens der Gebildeten Kritik am Anstaltswesen überhaupt gab, von der Opposition aus bäuerlichen Kreisen ganz zu schweigen.

Während der gravierenden sozio-ökonomischen Krise um die Jahrhundermitte hatten zahlreiche Anstalten mit finanziellen Problemen zu kämpfen. Die Gemeinden waren mit ansteigenden Armenausgaben konfrontiert und verzichteten zunehmend auf die im Vergleich zum Verding höheren Kostgelder. In Trachselwald scheinen die «fehlenden» normativen Regularien dem Leiter Probleme bereitet zu haben; die Anstalt machte gegen aussen wohl einen suboptimal organisierten Eindruck. In diese Zeit fiel auch der Aufenthalt des angehenden Armenerziehers und Wehrlischülers Jakob Roderer, von dem drei private Briefe an seinen Mentor, dem Fellenbergianer und Trogener Armenschullehrer Johann Caspar Zellweger (1768–1855), überliefert sind, in denen er ein schlechtes Bild von der Anstalt zeichnet.[43] Das Fehlen einer Hausordnung und eines Stundenplans musste den Zeitgenossen seltsam angemutet haben.[44] Der Arzt und Politiker Johann Rudolf Schneider (1804–1880) besuchte die Anstalt am 25. September 1840 und notierte anschliessend in sein Tagebuch, dass dort alles «auf Freiheit» beruhe.[45] Trotz der Probleme gelang es in Trachselwald schliesslich, die Anstalt zu halten.[46] Um 1850, als die sozio-ökonomische Situation zu kippen drohte und an verschiedenen Orten im Kanton Bern der Notstand ausgerufen werden musste, erschien eine zweite Auflage der «Armennoth». Auch dies scheint kein

---

43 Der Armenpädagoge Johann Conrad Zellweger (1801–1883), dessen Mentor Johann Caspar Zellweger war, veröffentlichte 1845 in Trogen ein Buch mit dem Titel «Die schweizerischen Armenschulen nach Fellenberg'schen Grundsätzen. Ein Beitrag zur Geschichte des schweizerischen Armenwesens», das bald zu einem Standardwerk avancierte. Darin widmet er der Anstalt Trachselwald ein Kapitel und zitiert ganze Passagen aus der «Armennoth» von Gotthelf. Es ist allerdings fraglich, ob er Gotthelfs Eingeständnis dazu eingeholt hat.

44 Dietz, Ein junger Appanzeller (vgl. Anm. 6), 26.

45 Hans Fischer, Dr. med. Johann Rudolf Schneider. Retter des westschweizerischen Seelandes, Bern 1963, 155.

46 Indessen muss darauf hingewiesen werden, dass der rigide Sparkus hinsichtlich etwa der Reichhaltigkeit der Kost Folgen hatte. Siehe Marti-Glanzmann, Knaben-Erziehungsanstalt (vgl. Anm. 35), 89f.

Zufall zu sein. Die Krise überlebten zu Beginn der 1850er Jahre mehrere Anstalten im Kanton Bern nicht. Bättwyl konnte man nur dank Staatsbeiträgen noch kurzfristig retten.[47] Der Sekretär der Armenbehörde teilte dabei mit, dass es besser wäre, wenn kleinere Bezirks- oder Gemeindearmenanstalten geführt würden, da sich die Anwohner mehr dafür interessieren würden als für kantonale Anstalten.[48] Dies entspricht exakt einer der wesentlichen Grundlagen von Gotthelfs sozial-politischem Programm. Bei seiner Anstalt hatte dieser Ansatz funktioniert – mit viel geringeren Mitteln; sie vermochte mit der Zeit Gewinn zu schreiben und musste gar Anfragen für Zöglingsaufnahmen abweisen.[49] Anscheinend muss sie zunehmend an lokaler Akzeptanz gewonnen haben.[50]

Warum dann, so ist zu fragen, diese negativen Schilderungen in den Briefen Roderers? Es scheint so, als ob in solcher Korrespondenz der Machtkampf zwischen den Fellenbergianern und Gotthelf deutlich zum Ausdruck kommt. Es ist denkbar, dass Roderer vorhandene Probleme polemisch zuspitzte und letztlich damit ein verzerrtes Bild der Anstalt zeichnete. Der erste Armenlehrer, Johann Georg Schäfer aus Altona, musste schliesslich auch entlassen werden.[51] Gotthelf selbst verschwieg die Probleme zwar nicht. Körperliche Züchtigung wurde übrigens von ihm selbst gut geheissen.[52] Darüber soll nicht schweigend hinweggesehen werden, ob es nun zeitgenössischen Gepflogenheiten entsprach oder nicht. Dennoch gibt es Hinweise, dass sich die Zustände gegenüber anderen Anstalten unterschieden: Die Zahl der Kinder, die unerlaubt entwichen, ist vergleichsweise gering. Die Abgänger der Anstalt erhielten gute

---

47 Marti-Glanzmann, Knaben-Erziehungsanstalt (vgl. Anm. 35), 65.

48 Marti-Glanzmann, Knaben-Erziehungsanstalt (vgl. Anm. 35), 69.

49 Wyssbrod, Entstehungsgeschichte (vgl. Anm. 33), 65.

50 Die Anstalt selbst bestand bis 1877. Zwischen 1835 und 1874 waren insgesamt 241 Knaben aufgenommen worden.

51 Roderer hielt in seinen Briefen fest, Schäfer habe einmal die nackt schlafenden Knaben beobachtet (siehe Wyssbrod, Entstehungsgeschichte, vgl. Anm. 33, 61). Sexuelle Übergriffe sind keine belegt, dürften aber wohl auch den Weg in die Akten schwerlich gefunden haben, sollten sie stattgefunden haben.

52 Dahingehend äusserte er sich auch befreundeten Besuchern gegenüber, denen er die Anstalt zeigte: Abraham Emanuel Fröhlich, Aus Jeremias Gotthelfs Leben, in: Walter Muschg (Hg.), Jeremias Gotthelfs Persönlichkeit. Erinnerungen von Zeitgenossen, Basel 1944, 94–144.

Anstellungsverträge.[53] Die Ehemaligen gründeten bald einen «Alumni-Verein», dessen Jahrestreffen gut besucht waren.[54] Der bekannteste unter ihnen war der Pfarrer, Lehrer und Dialektologe Emanuel Friedli (1846–1939), der noch von Gotthelf getauft worden war und dessen siebenbändiges Werk «Bärndütsch als Spiegel bernischen Volkstums» (zwischen 1905 und 1927 erschienen) Berühmtheit erlangte. Während sich Verdingkinder, die in Missbrauchsverhältnissen aufwachsen mussten, später mangels Schulbildung oder Lehrabschluss im Leben nicht immer zurecht fanden und zu Unterstützungsfällen wurden, fanden viele Zöglinge der Armenerziehungsanstalt Trachselwald den Weg in ein selbstständiges Leben.[55] Damit soll aber nicht suggeriert werden, dass der Aufenthalt in Trachselwald für die Kinder und Jungendlichen nicht auch eine Leidenszeit gewesen sein konnte.

7. Vergessene Alternativen zur «totalen Anstalt»?

In der gegenwärtigen Debatte um das Schicksal der Heim- und Verdingkinder werden endlich traumatisierende Verhältnisse in Erziehungsanstalten aufgearbeitet. Dabei wird der Charakter von Anstalten als «totalen Institutionen»[56] hervorgehoben. Um 1830 sah eine philanthropisch gesinnte, christlich geprägte Pädagogik in familiären Armenanstalten die Lösung im Kampf gegen das Verdingelend und die rurale Pauperisierung überhaupt.

Die Armenerziehungsanstalt Trachselwald, die durch den Verein für christliche Volksbildung im Amt Trachselwald geführt und durch Jeremias Gotthelf wesentlich mitgestaltet wurde, scheint dabei – wenigstens

---

53 Grossen, Jeremias Gotthelf (vgl. Anm. 33), 42.

54 Siehe Johann Jakob Leuenberger, Die Armenerziehungs-Anstalt Trachselwald, Bern 1865.

55 Unter den bis 1848 ausgetretenen Zöglingen wurden zwei Armenerzieher, einer Lehrer, fünf Schlosser, drei Handlungsgehilfen, drei Schneider, einer Litograf und Buchbinder, einer Spengler und drei Bauernknechte. Nur ein Zögling musste wegen schlechten Betragens entlassen werden. «Die Kinder, die in der Armenerziehungsanstalt aufwuchsen, hatten also offenbar durchaus Chancen, im Erwachsenenleben der schlimmsten Armut zu entfliehen», urteilt Markus Hofer: HKG F 1.2 (vgl. Anm. 7), 367.

56 Daniela Freisler-Mühlemann, Verdingkinder – ein Leben auf der Suche nach Normalität, Bern 2011, 20.

in der ursprünglichen Konzeption – der Versuch eines alternativen Weges zur «totalen Anstalt» darzustellen. Insbesondere bemerkenswert sind dabei zweierlei Aspekte. Zum einen ist das innovative Finanzierungsmodell zu nennen: Mit dem geringen Kostgeld und der lokalen Verankerung der Anstalt sollte versucht werden, die Mindeststeigerung im Verdingwesen zu konkurrieren. Zum anderen scheint sie in der Absicht der Initianten auch ein Konkurrenzprojekt zu etablierten Doktrinen der Armenpädagogik darzustellen. Fröbel selbst nannte «jene beseligten Wochen» des Sommers 1834, als er in Burgdorf die Sommerkurse durchführte und mit Gotthelf verkehrte, als Höhepunkt seines Lebens als Erziehungskünstler.[57] Es ist nach meinem Dafürhalten denkbar, dass die Konzeption der Armenerziehungsanstalt Trachselwald im Vorfeld der Kindergartenidee verortet werden kann – und damit eine Alternative zu den sich schliesslich durchsetzenden «totalen Anstalten» darstellt.[58]

Diese These indes soll zunächst vorsichtig formuliert werden und bedarf näherer Untersuchungen. Zu diesem Zweck werden gegenwärtig an der Universität Bern auch die lange verschollenen handschriftlichen Protokolle des Vorstandes des Vereins für christliche Volksbildung gesichtet.[59] Diese Quelle wird es ermöglichen, die Absichten der Anstaltsleitung zu rekonstruieren und zu interpretieren.

---

57 Fritz Halfter, Friedrich Fröbel. Der Werdegang des Menschenerziehers, Halle 1931, 706. 1834 habe Fröbel zum ersten Mal die Forderung nach einem Kindergarten gestellt und das Ganze «mit dem Lande» und einer Armenerziehungsanstalt verknüpft (699).

58 Der erste Fröbelsche Kindergarten in der Schweiz wurde 1845 von einem Neffen Fröbels in Zürich-Riesbach eröffnet. Heinrich Nufer, Kindergarten und Kinderhort, in: Paul Hugger, Kind sein in der Schweiz. Eine Kulturgeschichte der frühen Jahre, Zürich 1998, 149–154.

59 StABE, Bezirksarchiv Trachselwald, Regierungsstatthalteramt B 576–578: Protokolle des Vereins für Christliche Volksbildung im Amte Trachselwald, Bde. 1–3.

Anstalten, Vereine und Verbände – Ein diachroner Überblick über konfessionell getragene Fremdplatzierungen

Ernst Guggisberg

Im 19. Jahrhundert wurden allein in der deutschsprachigen Schweiz über 65 reformierte Institutionen geschaffen, die Kinder und Jugendliche in sogenannte Rettungs- und Armenanstalten aufnahmen; im Jahr 1900 bestanden in der Schweiz bereits 160 vorwiegend protestantische sowie 120 katholische Institutionen.[1] Um die Phänomene konfessionelle Fürsorge im Allgemeinen und Fremdplatzierungen in reformierte Heime im Besondern zu erläutern, muss in Betracht gezogen werden, dass Anstaltseinweisungen für die meisten Kinder und Jugendlichen jeweils nur eine Station der meist über Jahre fortdauernden «Fremdplatzierungsbiografie» darstellten: Oftmals wechselten sich Familien- und Anstaltsplatzierungen in einem sich bedingenden Netzwerk ab. Somit werden in diesem Beitrag auch Vereine erwähnt, die – von Herkunftsfamilien oder Gemeindebehörden mandatiert – Pflegekinder gemäss ihrer Konfession platzierten.

1. Die Fremdplatzierung zwischen öffentlich-rechtlicher und privater Intervention

Armenrechtliche und vormundschaftlich begründete Fremdplatzierungen von Kindern und Jugendlichen lagen in der Kompetenz von Gemeindebehörden. Kantone und Bund übernahmen meist Aufgaben im Bereich der Aufsicht oder der Subventionsvergabe. Neben der öffentlich-rechtlichen Armenfürsorge, die oftmals nur auf die Überbrückung akuter Mangelsituationen ausgerichtet war, öffnete sich ein breiter Fä-

---

1 Peter Chmelik, Armenerziehungs- und Rettungsanstalten. Erziehungsheime für reformierte Kinder im 19. Jahrhundert in der deutschsprachigen Schweiz, Zürich 1978, 8; Urs Hafner, Heimkinder. Eine Geschichte des Aufwachsens in der Anstalt, Baden 2011, 89.

cher des «milderen», privaten Armenwesens, worin philanthropische und konfessionelle Akteure ein Betätigungsfeld fanden. Insbesondere eher reformiert geprägte Organisationen wie die Schweizerische Gemeinnützige Gesellschaft und ihre Sektionen,[2] Vereine für Bildungszwecke, Armenerziehungsvereine[3] und vermögende Gönner und Gönnerinnen setzten sich mit der ausserfamiliären Erziehung von Kindern auseinander und gründeten Erziehungsanstalten oder vermittelten Pflegefamilien. Besonders im Bereich der privaten Jugendfürsorge behielten konfessionelle Akteure bis weit ins 20. Jahrhundert hinein eine wichtige Stellung und bestimmten ihren Auffassungen getreu, nach welchen Grundsätzen die kommende Generation erzogen werden solle.[4] Gerade bei der Fremdplatzierung von verarmten, verwaisten oder «verwahrlosten» Kindern und Jugendlichen war die Religion – neben der Erziehung zur Arbeit – ein wichtiger Aspekt der pädagogischen Armutsbekämpfung, sodass im Laufe des 19. Jahrhunderts zahlreiche sinnträchtige «Armenerziehungs-», «Rettungs-» und «Industrielle Arbeitsanstalten» zu deren Aufnahme gegründet worden waren.[5]

Die Rahmenbedingungen in der praktischen Armenfürsorge stellten vor dem Hintergrund der Industrialisierung und der Bevölkerungsvermehrung die ländlichen wie auch die städtischen Armenpflegen vor grosse Herausforderungen. Die Bevölkerung war vor existenziellen Risiken wie Krankheit, Unfall oder Arbeitslosigkeit kaum gesichert. Gesellschaft-

---

2 «Seit ihrer Gründung engagierten sich in der SGG unzählige evangelische und vereinzelte katholische Geistliche. Die SGG war somit eng mit dem schweizerischen Protestantismus verknüpft.», in: Marcel Köppli, Protestantische Unternehmer in der Schweiz des 19. Jahrhunderts. Christlicher Patriarchalismus im Zeitalter der Industrialisierung, Zürich 2012, 45.

3 Vgl. Ernst Guggisberg, Pflegekinder. Die Deutschschweizer Armenerziehungsvereine 1848–1965, Baden 2016; ders., The Reduction of Poverty starts with Children. Swiss Societies for Educating the Poor in the Nineteenth and Twentieth Centuries, in: Lutz Raphael u. a. (Hg.), Rescuing the Vulnerable. Poverty, Welfare and Social Ties in Modern Europe, International Studies in Social History, Volume 27, New York 2016, 97–128.

4 Markus Furrer u. a. (Hg.), Fürsorge und Zwang. Fremdplatzierung von Kindern und Jugendlichen in der Schweiz 1850–1980, Basel 2014, 11.

5 Gaby Sutter, «Erziehung und Gewöhnung zur tüchtigen Arbeit». Diskussionen über die Armenerziehung im Schweizerischen Armenerzieherverein (Mitte 19. bis Anfang 20. Jahrhundert), in: Heimverband Schweiz (Hg.), Schritte zum Mitmenschen. 150 Jahre vom VSA zum Heimverband, Zürich 1994, 14f.

lich verankerte Moralvorstellungen, Klassendenken und ein geschlechtsspezifisches Rollenverständnis durchdrangen nicht zuletzt auch das öffentlich-rechtliche Armenwesen: Bis ins 20. Jahrhundert lässt sich die Unterscheidung zwischen «würdigen» und «unwürdigen Armen» feststellen, wobei erstere einer Krankheit oder äusserer Umstände halber *unverschuldet* und letztere durch attestierte «Arbeitsscheu», «Liederlichkeit» oder «Verwahrlosung» *selbstverschuldet* in die Armut gerieten. Diese charakterliche Zuschreibung meist bedürftiger Erwachsener hatte – neben dem Verlust einiger Bürgerrechte und restriktiven Massnahmen – auch direkte Auswirkungen auf deren Kinder: Diese mussten aus dem «schlechten Milieu» entfernt und zwecks Erziehung zu guten mündigen Bürgern (die im Erwachsenenalter auf keinen Fall unterstützungsbedürftig sein sollten) in Pflegefamilien oder Institutionen untergebracht werden; ähnlich verhielt es sich bei unehelichen Kindern lediger Mütter. Die Gemeinden bzw. die Armen- und Vormundschaftsbehörden hatten für diese Intervention zwei wesentliche Mittel: Erstens die «Kindswegnahme» und zweitens die «Auflösung der Familie», bei der sämtliche Familienmitglieder inklusive der Eltern platziert wurden.[6] Erwachsene Bedürftige wurden mit der oftmals erfolgten Einweisung ins «Armenspittel» bzw. das kommunale Armenhaus aus der Gesellschaft ausgeschlossen, während Kinder in Familien oder Anstalten mit dem Ziel der Korrektion und anschliessenden Reintegration fremdplatziert wurden.[7]

Anstalten und Pflegefamilien sollten mittels mustergültigem Familienleben den Kindern eine schützende Umgebung bieten und galten somit in gewisser Weise als Familiensurrogat. Behörden und Vereine zogen aufgrund des niedrigeren Kostgelds meistens die Familien der Anstaltsplatzierung vor. Die idealisierte Erziehung armer Kinder orientierte sich an bürgerlichen Werten einer Mittel- und Oberschicht und musste im

---

6 Marco Leuenberger/Loretta Seglias, Versorgt und vergessen. Ehemalige Verdingkinder erzählen, Bern 2008, 19–26.81–90.121–129; vgl. auch: Kinder- und Erwachsenenschutzdienst des Bezirks Baden (Hg.), Von der Amtsvormundschaft zum Kindes- und Erwachsenenschutzdienst des Bezirks Baden. 100 Jahre 1916–2016, Baden 2015, 35–66.

7 Jürg Schoch u. a. (Hg.), Aufwachsen ohne Eltern: Verdingkinder, Heimkinder, Pflegekinder. Zur ausserfamiliären Erziehung in der deutschsprachigen Schweiz, Zürich 1989, 136f.; vgl. auch zum «religiösen» und «profanen» Erziehungsziel: Chmelik, Armenerziehungs- und Rettungsanstalten (vgl. Anm. 1), 52.

noch «bildungsfähigen» Kindesalter zwischen vier und zwölf Jahren erfolgen. In dieser Zeitspanne hielt sich für die Gesellschaft mutmasslich Aufwand und Ertrag noch in der Waage. Die Erziehung zum «rechtschaffenen» Bürger vereinte in sich das Ziel der Hinführung zur finanziellen Unabhängigkeit sowie – gerade bei konfessionellen Trägerschaften von Rettungshäusern oder Arbeitserziehungsanstalten – zum Allerhöchsten:[8] Bei pietistischen Erziehungskonzepten galt Armut als Ausdruck eines sittlich und religiös vernachlässigten Seins, so dass das in den Korrektionsanstalten inhärente «Rettungserlebnis» – eine «plötzliche Erkenntnis Gottes» – bei den Zöglingen zu einer «tiefgreifenden Wandlung der Lebensweise» führen sollte.[9] Die Erziehung von fremdplatzierten Kindern richtete sich stark auf das kathartische Moment der Arbeit (die nicht zuletzt wesentlich für die Finanzierung der Anstalt von Bedeutung war) und der heilsbringenden Zuwendung zur Religion aus.[10] Der Zusammenschluss zu lokalen Trägerverbänden für die Schaffung von Institutionen oder zu Vereinsvorständen mit der Absicht zur Aufnahme oder Fremdplatzierung von Kindern waren oft Ausdruck einer beabsichtigten philanthropischen oder religiös motivierten Intervention, die letztlich auf einer kritischen Wahrnehmung sozialer Missstände fusste.[11]

---

8 Insbesondere bei den Armenerziehungs- und Rettungsanstalten setzte sich die Praxis durch, dass Kinder zum frühest möglichen Zeitpunkt – im Sinne einer Präventivmassnahme – aufgenommen wurden und mindestens bis zur Konfirmation in einer Einrichtung verbleiben sollten. Nur die langfristige Entfernung aus dem als nachteilig eingestuften Elternhaus räumte den Kindern – unterstützt durch eine dauerhafte positive pädagogische Einwirkung – die Chance ein, zu «rechtschaffenen» Bürgern umgeformt zu werden. Vgl. Loretta Seglias, Heimerziehung – eine historische Perspektive, in: Markus Ries/Valentin Beck (Hg.), Hinter Mauern. Fürsorge und Gewalt in kirchlich geführten Erziehungsanstalten im Kanton Luzern, Zürich 2013, 19–79.

9 Gaby Sutter, Erziehung (vgl. Anm. 5), 16; vgl. auch: Seglias, Heimerziehung (vgl. Anm. 8), 30–32.

10 «Ziel der katholischen Heimerziehung war es analog zu den pietistischen und protestantisch-philanthropischen Heimen, dass das Kind ‹ein wahrer Christ und ein nützlicher Bürger› werde – unter Berücksichtigung der katholischen Erziehung in direkter Konkurrenz zu oben genannten Anstalten. Der konfessionell gemischten Erziehung standen katholische Kreise weit länger skeptisch gegenüber als protestantische.», in: Seglias, Heimerziehung (vgl. Anm. 8), 35.

11 Der «Anstaltsboom» im 19. Jahrhundert wird als eine Antwort auf den drohenden Pauperismus als Folge der Industrialisierung, Überbevölkerung und der Hungersnöte gedeutet. Insbesondere philanthropisch-christliche Kreise sahen in der Anstaltsgrün-

Darüber, wie die Anstalts- und Familienerziehung oder Korrektion sozial Devianter zu erfolgen habe, herrschte mehrheitlich gesellschaftlicher Konsens.[12]

Die föderalen Strukturen der Schweiz brachten mit sich, dass die in den Gemeinden und Kantonen angesiedelten Kompetenzen untereinander stark variierten, was von Zeitgenossen als hinderlich angesehen wurde. Eine Harmonisierung der Strukturen, eine Professionalisierung der Abläufe und eine internationale Vernetzung wurde bspw. von der 1905 gegründeten Schweizerischen Armenpflegerkonferenz eingefordert:[13] Im Mittelpunkt stand die Vision einer «rationellen Armenpflege», die unkoordinierte Formen der öffentlichen Fürsorge ablösen sollte. Wirksame Hilfe könne nur dort erfolgen und zu Resultaten führen, wo die *individuellen* spezifischen Bedürfnisse der Unterstützungsbedürftigen bekannt seien. Diese angestrebte Einzelfallhilfe zog nicht nur die Ausdifferenzierung und Professionalisierung der Armenpflegen und einen erweiterten Behördenapparat nach sich,[14] sondern veränderte die Wahrnehmung der «Sozialen Frage» dahingehend, dass Armut weniger als gesellschaftsumspannendes moralisches, denn als individuelles sozioökonomisches Problem wahrgenommen wurde.[15]

Viele der reformierten Anstalten, deren Trägerschaft sich aus Geistlichen und Philanthropen zusammensetzte, waren «von einem pietistischen oder evangelikalen Protestantismus» geprägt.[16] Im Erziehungsverständnis der pietistischen Reformbewegung wurde vom doppelten Bösen ausgegangen: Der Mensch konnte einerseits von innen her verdorben sein und diese Eigenschaft an die nächste Generation weiterreichen.

---

dung ein effizientes Mittel in der Armutsbekämpfung. Vgl. Schoch u. a. (Hg.), Aufwachsen ohne Eltern (vgl. Anm. 7), 19; Sabine Lippuner, Bessern und Verwahren. Die Praxis der administrativen Versorgung von «Liederlichen» und «Arbeitsscheuen» in der thurgauischen Zwangsarbeitsanstalt Kalchrain (19. und frühes 20. Jahrhundert), Frauenfeld 2005, 28.

12 Seglias, Heimerziehung (vgl. Anm. 8), 57.

13 Sonja Matter, Der Armut auf den Leib rücken. Die Professionalisierung der Sozialen Arbeit in der Schweiz 1900–1960, Zürich 2011, 95f.

14 Matter, Armut (vgl. Anm. 13), 102–105.

15 Rolf Wolfensberger, Anstaltswesen, in: Historisches Lexikon der Schweiz, Online-Version vom 11.11.2010, URL: www.hls-dhs-dss.ch/textes/d/D16582.php, Zugriff 01.10.2016.

16 Hafner, Heimkinder (vgl. Anm. 1), 87.

Andererseits konnte durch eine nachteilige Sozialisation zu diesem inneren noch das äussere Böse hinzukommen; was schliesslich zur «Verwahrlosung» führe. Mit der Erziehung wurden ebenfalls zwei Anliegen verfolgt, nämlich die «Verwahrung» bzw. die Exklusion der Kinder aus der Gesellschaft zwecks Korrektion sowie die Hinführung zum «Reich Gottes», sprich die «Rettung». Dabei bestand das Dilemma darin, dass «Erziehen […] menschlich, Rettung dagegen göttlich [sei]; ein Gnadenakt, der die ‹innere Umkehr› erst ermöglichte und nicht durch Menschen herbeigeführt werden konnte.»[17]

Die reformierten Anstaltsgründungen strahlten auch in die katholische Schweiz aus, deren erste Gründungswelle in die 1850er Jahre fiel und ihren Höhepunkt in den 1890er Jahren erfuhr. Eine zweite Welle folgte zwischen 1910 und 1920.[18] Die katholischen Heime wurden wesentlich vom Kapuzinerpater Theodosius Florentini geprägt, der als Mitglied in der Schweizerischen Gemeinnützigen Gesellschaft mit gleichgesinnten Reformierten in Kontakt stand. Mit der Gründung der Schweizerischen Rettungsanstalt Sonnenberg bei Luzern wurde 1855 auf Betreiben der Schweizerischen Gemeinnützigen Gesellschaft eine «Pionierinstitution für die katholische Welt» geschaffen. Die meisten katholischen Institutionen wurden von Ordensleuten geführt, beispielsweise von den auf Florentini zurückgehenden Menzinger, Ingenbohler oder Baldegger Schwestern.[19] Auf organisatorischer Ebene bestand zwischen den reformierten und katholischen Anstalten ein wesentlicher Unterschied: In den reformierten Anstalten übernahm in Anlehnung an eine Familie das «Hauselternpaar» die Leitung, während bei katholischen Ordensleuten dieses «Familienprinzip» weit weniger auftrat: «Das reformierte Heim zielt mit seiner Familienstruktur […] auf das Diesseits. Dieses Heim orientiert sich an der idealen weltlichen Familie. Das katholische Heim hingegen zielt mit seiner eher kollektiven gleichgeschlechtlichen Leitung tendenziell aufs Jenseits.»[20] Wie für den Kanton Luzern aufgezeigt wurde, konnten die katholischen Heime durch den Einsatz von

---

[17] Christine Luchsinger, «Niemandskinder». Erziehung in den Heimen der Stiftung Gott hilft 1916–2016 (Quellen und Forschungen zur Bündner Geschichte, Bd. 33), Chur 2016, 137f.

[18] Seglias, Heimerziehung (vgl. Anm. 8), 42.

[19] Hafner, Heimkinder (vgl. Anm. 1), 89.

[20] Hafner, Heimkinder (vgl. Anm. 1), 90f.

Ordensleuten die Personalkosten niedrig halten – eine Parallele besteht freilich zu den reformierten Diakonissen.[21]

2. Annäherung an eine quantitative konfessionelle Disposition der schweizerischen Fürsorgelandschaft

Eine Übersicht zur diachronen und geografischen Entwicklung von Anstalten und Vereinen, die für die Fremdplatzierung von Kindern und Jugendlichen zuständig zeichneten, vermitteln die im Rahmen der Weltausstellungen in Wien und Philadelphia entstandenen thematischen Nachschlagewerke über die schweizerische Fürsorgelandschaft. Zusammen mit jüngeren Werken aus dem 20. Jahrhundert können quantitative Aussagen getroffen werden (vgl. Abbildung Nr. 1 sowie Tabelle Nr. 1).[22]

---

21 «Die Attraktivität der Orden, die den Anstalten kostengünstiges und religiös gefestigtes Personal zur Verfügung stellten, führte dazu, dass lange Zeit deren Tätigkeitsfelder stetig ausgeweitet worden sind.», in: Martina Akermann u. a. (Hg.), Bericht Kinderheime im Kanton Luzern im Zeitraum von 1930–1970. Schlussbericht zuhanden des Regierungsrats des Kantons Luzern, Luzern 2012, 27. Vgl. auch: Martina Akermann u. a. (Hg.), Sekundarschule St. Iddazell. Historische Untersuchung, Bericht der BLG Beratungsstelle für Landesgeschichte, Zürich 2014; Ernst Guggisberg, Von der Armenerziehung zum Leben in modernen Wohngruppen. Die Geschichte des reformierten Kinderheims Brugg, in: Kinderheim Brugg (Hg.), 150 Jahre Kinderheim Brugg 1866–2016, Brugg 2016, 45–53.

22 Die Basisdaten wurden extrahiert aus: Eduard Keller/Wilhelm Niedermann, Die Schweizerischen Vereine für Bildungszwecke im Jahre 1871, Basel 1877; Wilhelm Niedermann, Die Anstalten und Vereine der Schweiz für Armenerziehung und Armenversorgung, Zürich 1896; Albert Wild, Handbuch der sozialen Arbeit in der Schweiz, 2 Bde., Zürich 1933; Chmelik, Armenerziehungs- und Rettungsanstalten (vgl. Anm. 1); Barbara Alzinger/Remi Frei, Die katholischen Erziehungsheime im 19. Jahrhundert in der deutschsprachigen Schweiz, Brugg 1987. In die Betrachtung flossen folgende Institutionen und Vereine: Erziehungsanstalten für das vorschulpflichtige Alter, Kleinkinderbewahranstalten, Anstalten zur Erziehung armer und sittlich gefährdeter Kinder, Fürsorge für blinde Kinder, Fürsorge für taubstumme und schwerhörige Kinder, Fürsorge für epileptische Kinder, Mädchenheime, usw. Von der Betrachtung wurden folgende Institutionen und Vereine ausgeschlossen: Entbindungsanstalten, Heime für uneheliche Mütter und ihre Kinder, Wöchnerinnenfürsorge, Säuglingsfürsorge, Erholungsfürsorge für das Kleinkind, Ferienkolonien, Freiluftkuren, Waldschulen, Ferien- und Erholungsheime, Schülerspeisung und -bekleidung, Fürsorge für bildungsunfähige Kinder, Bahnhofwerke, Sonntagsvereinigungen, Be-

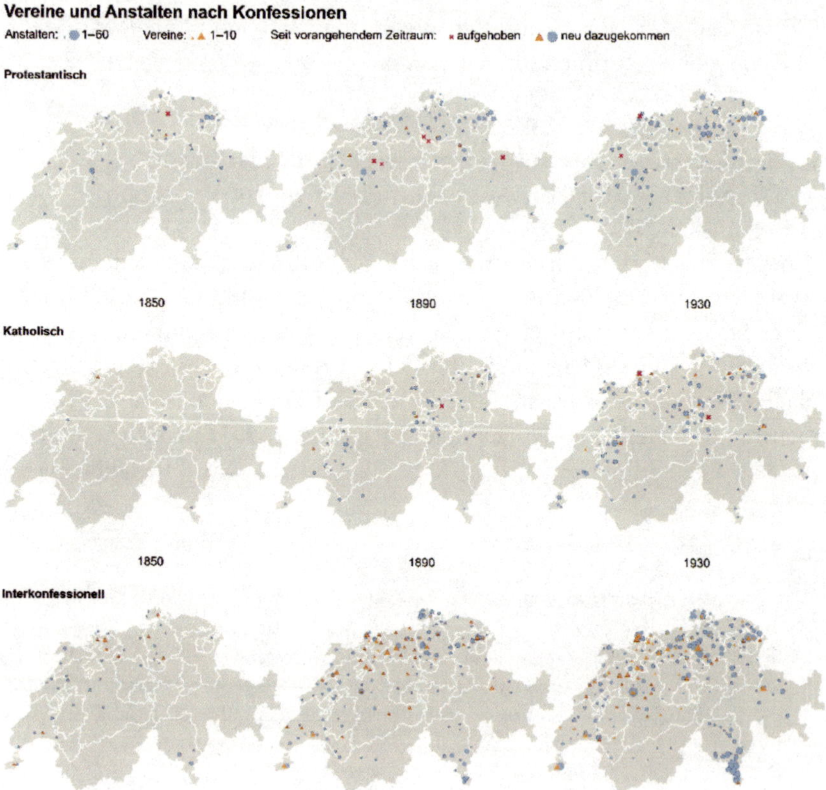

Abbildung 1: Konfessionelle Aufteilung der schweizerischen Vereine und Anstalten für die dauerhafte Platzierung von Kindern und Jugendlichen an den drei Stichjahren 1850, 1890 und 1930.

Für die Auswertung wurden aus diesen Nachschlagewerken insgesamt 1314 Anstalten und Vereine für die Jahre 1850, 1890 und 1930 berücksichtigt. Das Total an schweizerischen Anstalten und Vereinen ist für das Stichjahr 1850 mit insgesamt 125 Stück noch relativ überschaubar. Eine Vervierfachung fand bis 1890 mit insgesamt 515 Nennungen statt; eine Zunahme, wie sie anschliessend mit einer Vermehrung um den Faktor 2 ½ zwischen 1890 und 1930 mit insgesamt 1314 Organisationen nicht

---

obachtungsstationen, Erziehungsberatungsstellen, usw. Vgl. Guggisberg, Pflegekinder (vgl. Anm. 3), 53–84.

mehr aufrecht erhalten wurde. Wenn die Entwicklung der Anstalten gesondert betrachtet wird, so fällt auf, dass im Jahr 1850 deren bereits 113 bestehen. Neben städtischen Waisenhäusern für Bürger wurden vor allem auch die ländlichen Armenerziehungs- oder Rettungsanstalten in Anspruch genommen, deren Verbreitung Mitte des 19. Jahrhundert ihren Höhepunkt erreichten.

Jahr	Anstalt reformiert		Anstalt katholisch		Anstalt interkonfessionell		Anstalten Total	
1850	56	50 %	9	8 %	48	42 %	113	100 %
1890	119	27 %	87	19 %	242	54 %	448	100 %
1930	240	20 %	242	21 %	699	59 %	1181	100 %
Jahr	Verein reformiert		Verein katholisch		Verein interkonfessionell		Vereine Total	
1850	1	8 %	1	8 %	10	84 %	12	100 %
1890	4	6 %	4	6 %	59	88 %	67	100 %
1930	7	5 %	14	11 %	112	84 %	133	100 %
Jahr	A & V ref.		A & V kath.		A & V interk.		A & V Total	
1850	57	46 %	10	8 %	58	46 %	125	100 %
1890	123	24 %	91	18 %	301	58 %	515	100 %
1930	247	19 %	256	19 %	811	62 %	1314	100 %

Tabelle 1: Übersicht der Anzahl Schweizer Anstalten (A) und Vereine (V) nach konfessionellen Aufnahmekriterien für Kinder und Jugendlichen in den drei Stichjahren 1850, 1890 und 1930.

Im Jahr 1850 dominierten die Anstalten in der Deutschschweiz, während in der Westschweiz die Fürsorgelandschaft nur sehr dünn besiedelt war. Waisenhäuser waren im 18. Jahrhundert ausgesprochen städtische Erscheinungen, erst im 19. Jahrhundert wurden ländliche Anstalten errichtet, die jedoch in Distanz einer Tagesreise von der nächst grösseren Ortschaft lagen.[23] Die meisten Anstalten und Vereine befanden sich im Kanton Zürich, gefolgt von den Ostschweizer Kantonen sowie dem Kanton Bern. Dass von den Jahresversammlungen der Schweizerischen Gemeinnützigen Gesellschaft, die zwischen 1823 und 1850 wiederholt in Zürich und der Ostschweiz stattfanden, Impulse zu Anstaltsgründungen ausgingen, scheint hier naheliegend.[24] Vereine mit Fremdplatzierungscharakter existieren ebenfalls hauptsächlich in der Deutschschweiz. In der Westschweiz waren städtische Waisenhäuser im Kanton Neuenburg oder sogenannte «asiles ruraux» im Kanton Waadt häufig vertreten.

Um 1890 vergrösserte sich die institutionelle Infrastruktur signifikant in der östlichen Schweiz (Kantone St. Gallen, Thurgau, beide Appenzell), wo die «Rettungsanstalten» die grösste Verbreitung fanden.[25] Zwischen 1850 und 1890 entstanden die meisten Aargauer und einige der Solothurner Armenerziehungsvereine, sodass die ehemals spärlich besiedelte Fürsorgelandschaft dieser Kantone sich verdichtete. Aber auch in der Westschweiz nahm das Spektrum zu, insbesondere fielen Vereinsgründungen im Kanton Waadt sowie Anstaltsgründungen in den Kantonen Neuenburg und Freiburg (grösstenteils Waisenhäuser) in die Waagschale. Die katholische Zentralschweiz baute eine Fürsorgelandschaft überhaupt erst mit zwei Vereinen im Kanton Luzern (darunter das Seraphische Liebeswerk) und mehreren Anstalten in den angrenzenden Kantonen Nidwalden, Obwalden und Schwyz auf. In der italienischsprachigen Schweiz wurden zwischen 1844 und 1850 sowie zwischen 1870 und 1890 diverse «Asili infantili» gegründet. Im Jahr 1930 verdichtete sich die Fürsorgelandschaft insbesondere in den Kantonen Zürich, dem heutigen

---

23 Schoch u. a. (Hg.), Aufwachsen ohne Eltern (vgl. Anm. 7), 135–142.

24 Die Jahresversammlung der Schweizerischen Gemeinnützigen Gesellschaft fand bspw. 1823 in Trogen statt, 1824 in Zürich (Referat über die landwirtschaftlichen Armenschulen), 1825 in Luzern, 1826 in Zürich, 1835 in Trogen (Referat über die Besserungshäuser), 1836 in Zürich (Referat über die öffentlichen Anstalten zur «Erziehung weiblicher Bildung» sowie über die Träger der öffentlichen und privaten Armenunterstützung), 1843 in Glarus, 1844 in Zürich, 1846 in St. Gallen (Referat über den Unterschied zwischen Kleinkinderschulen und «Kleinkinderbewahranstalten»): Walter Rickenbach, «An den Jahresversammlungen 1823–1959 behandelte Fragen», in: Schweizerische Gemeinnützige Gesellschaft (Hg.), Geschichte der Schweizerischen Gemeinnützigen Gesellschaft 1810–1960, Zürich 1960, 172–178.

25 Seglias, Heimerziehung (vgl. Anm. 8), 32.

Jura und Bern, noch mehr aber in der Zentralschweiz. Im Tessin lag der Trend nach wie vor bei der Gründung von Kindertagesstätten.

Die «Nutzung» dieses stets wachsenden Spektrums durch «Versorger» war im Wesentlichen von zwei Faktoren abhängig: dem Geschlecht der Kinder sowie deren Konfession. Die Anzahl Institutionen und Vereine mit einer auf Mädchen beschränkten Aufnahme war in allen drei Stichjahren grösser, als diejenige für Knaben (1850: 16 Anstalten und Vereine, 1890: 53, 1930: 67). Insbesondere zwischen 1850 und 1890 verdreifachten sich die spezifisch auf Mädchen ausgerichteten Institutionen, wobei diejenigen für Jungen sich nur verdoppelten. Diese dezidiert geschlechterhomogenen Institutionen waren aber zu allen drei Stichjahren nur eine Ergänzung des hauptsächlich geschlechterheterogenen Spektrums: Die Schweiz verfügte 1850 über 94 Anstalten und Vereine für die dauerhafte Platzierung von Kindern und Jugendlichen beiderlei Geschlechts (entsprachen 75.2 % des gesamten Fächers), 1890 standen bereis 429 Organisationen für beiderlei Geschlecht offen (entsprachen 83.3 %) und 1930 machten dieselben bereits 1201 oder umgerechnet 91.4 % der gesamten Fürsorgelandschaft aus. Eine Richtung lässt sich somit klar feststellen, gefragt war ein «Fürsorgeangebot» für beide Geschlechter.[26] Bezüglich Geschlechterfrage unterschied sich die Entwicklung von Anstalten und Vereinen wesentlich: Spezifische Vereine für die Platzierung ausschliesslich weiblicher Pflegekinder waren inexistent, die Stossrichtung der Vereine lag zu allen drei Stichjahren bei der Aufnahme beiderlei Geschlechter. Die Anstalten hatten diesbezüglich deutlichere Beschränkungen: Rund 12 % waren im Jahr 1850 nur für männliche, 14 % für weibliche und 74 % für Zöglinge beiderlei Geschlechts reserviert. Auch bei den Vertretern der «geschlossenen Fürsorge» ging die Tendenz in Richtung geschlechterheterogener Institutionen, so existierten im Jahr 1930 rund 1070 derselben, was über 90 % der gesamten Anstalten ausmachte.

---

26 Vgl. dazu Seglias, Heimerziehung (vgl. Anm. 8), 42. Hochuli Freund erhielt für das 19. Jahrhundert einen tieferen Prozentsatz geschlechtergemischter Institutionen, insgesamt 62 %. Nach ihren Berechnungen waren 24 % der Anstalten ausschliesslich für Knaben bzw. 14 % für Mädchen vorgesehen. Vgl. Ursula Hochuli Freund, Heimerziehung von Mädchen im Blickfeld. Untersuchungen zur geschlechtshomogenen und geschlechtergemischten Heimerziehung im 19. und 20. Jahrhundert in der deutschsprachigen Schweiz, Frankurt am Main 1999, 30–32.

Neben dem Geschlecht war das zweite massgebende Aufnahmekriterium die Konfession (vgl. Tabelle Nr. 1). Der interkonfessionelle Anteil betrug in allen drei Stichjahren bei den Vereinen über 80 %, wobei er zwischen 1850 und 1890 zunahm und zwischen 1890 und 1930 von 88 % auf 84 % abnahm – aufgrund der vermehrt auftretenden katholischen Vereine im Jahr 1930 (14 Stück). Dies steht ganz im Gegensatz zu den interkonfessionellen Anstalten, deren Anteil ungebrochen von 42 % im Jahr 1850 auf 59 % im Jahr 1930 stieg. Bei den konfessionell getrennten Anstalten ist auffällig, dass 1850 56 protestantische nur 9 katholischen gegenüberstanden. Während sich im folgenden Stichjahr die reformierten Heime nur verdoppelten, verzehnfachten sich die katholischen beinahe. Auch zum folgenden Stichjahr 1930 zeigt sich eine ähnliche Entwicklung, so dass Gleichstand zwischen rein katholischen und rein protestantisch ausgerichteten Anstalten eintrat.

Wenn die Betrachtungen auf eine Grundmaxime heruntergebrochen werden sollen, so lässt sich grob umschreiben, dass sich die Vereine in erster Linie als geschlechts- und konfessionsneutral in Bezug auf die Aufnahme von Pflegekinder verhielten und die Anstalten diesbezüglich stärker unterschieden. Dieser Sachverhalt mag mitunter darin begründet sein, dass bei Anstalten und Vereinen verschiedene Trägerschaften (private und öffentlich-rechtliche) mit unterschiedlichen Konzepten die Führung übernahmen. Die Vereine oder Kantone als politisch und konfessionell neutrale Institutionen stellten keine konfessionellen Barrieren auf. Hingegen schien es aus moralischen und gesellschaftlichen Gründen naheliegend, Anstaltszöglinge ab einem bestimmten Alter nach Geschlechtern zu trennen. Ein Konzept, wie es beispielsweise bei Vereinen nicht griffig gewesen wäre, da deren Pflegekinder in Familien mit Kindern beiderlei Geschlechts kamen und somit der protestantischen «Familienkonzeption» entsprachen.

3. Die konfessionell organisierte Heimlandschaft: «Innere Mission», «Caritas» und «neutrale Fürsorge»

Viele der im 19. Jahrhundert gegründeten Vereine und Anstalten standen in engem Kontakt mit der Gemeinnützigen Gesellschaft oder dem Schweizerischen Armenerzieherverein. Beide verkörperten Dachorganisationen für Heime, standen allen Denominationen offen und förderten die konfessionsübergreifende Diskussion. Allerdings waren in beiden Organisationen die katholischen Mitglieder in der Minderheit.[27] Im ersten Viertel des 20. Jahrhunderts lässt sich beobachten, dass neben diesen Verbänden konfessionelle Schirmorganisationen zu Tage treten, wie 1927 der Schweizerische Verband für Innere Mission und evangelische Liebestätigkeit (als Tochtergründung des 1920 erschaffenen Schweizerischen Evangelischen Kirchenbunds) oder auch der 1932 auf Initiative der Caritas Schweiz ins Leben gerufene Schweizerische katholische Anstaltenverband. Dies legt die Frage nahe, warum sich diese neugeschaffenen Schirmorganisationen in den traditionellen Heimverbänden nicht vertreten fühlten und welche Position sie hinsichtlich der Mitgestaltung der konfessionell organisierten Heimlandschaft einnahmen.

Die Gründung eines Dachverbands für reformierte Fürsorgeeinrichtungen stand in engem Zusammenhang mit dem 1922 geschaffenen Internationalen Verband für Innere Mission und Diakonie in Berlin sowie der Teilnahme an der Stockholmer Weltkirchenkonferenz für praktisches Christentum von 1925. Vertreter des Schweizerischen Evangelischen Kirchenbundes, darunter der Basler Pfarrer Alphons Koechlin (1885–1965), trieben diese Bewegung auch in der Schweiz voran.[28] Die sogenannte Innere Mission wurde als eine christliche Antwort auf die soziale Frage verstanden, als eine «Bewegung mit sozialen Zielen», ein Pendant zur katholischen Caritas. Damit stellte sie sich in Opposition zur vorherrschenden Haltung der Kirche, die sich im Wesentlichen auf persönliche Mildtätigkeit gegen das Massenelend beschränken wollte.[29] Die innere unterscheide sich von der äusseren Mission dadurch, dass «sie sich nicht an Heiden, sondern an Getaufte oder Abgefallene» wandte und das Evangelium an die «entkirchlichten Massen» herantrage.[30] Zu Organen der inneren Mission wurden insbesondere die Diakonissenanstalten

---

[27] Seglias, Heimerziehung (vgl. Anm. 8), 37.

[28] Evangelischer Verband für Innere Mission und Diakonie (Hg.), Festschrift zum 50-jährigen Bestehen des Evangelischen Verbandes für Innere Mission und Diakonie 1927–1977, Zürich 1977, 20f.

[29] Luchsinger, «Niemandskinder» (vgl. Anm. 17), 139.

[30] Schweizerischer Verband für Innere Mission und Evangelische Liebestätigkeit (Hg.), Vom Schweizerischen Verband für Innere Mission und evang. Liebestätigkeit, Zürich 1952, 15; Archiv des Schweizerischen Evangelischen Kirchenbunds SEK, Protokoll der Abgeordnetenversammlung und Jahresbericht des Schweizerischen Evangelischen Kirchenbundes, Bern 1931, 26.

gezählt, aber auch Freikirchen und die Heilsarmee, sodass «das Wesentliche, Grundeigentümliche und absolut Charakteristische im Verhältnis von Anstalten und reformierter Kirche […] erst sichtbar [wird], wenn wir uns den Begriff der Laisierung und der engen Verbindung von Kirche und Staat in der schweizerischen Reformation scharf vergegenwärtigen. Dann werden wir einem Reichtum gegenübergestellt, dem gegenüber auch die sorgfältigste Statistik versagen müsste; denn nun werden wir jener Verbindung gewahr, die zwischen der reformierten Kirche und solchen Anstalten besteht, die keinen kirchlichen Namen und Habitus mehr tragen, aber vollkommen und ganz nur aus dem reformierten Geiste realisiert wurden.»[31]

Gerade diese angedeutete «Zersplitterung» unzähliger Werke wurde aber auch bemängelt, da wertvolle Kräfte damit vergeudet würden. Deren Bündelung und Führung sei Aufgabe des 1927 gegründeten Schweizerischen Verbands für Innere Mission und evangelische Liebestätigkeit. Damit sollte nicht eine bürokratische Zentralisation erfolgen, sondern die Kirchen könnten vielmehr «ihre Verantwortung gegenüber der Evangelisation, der sittlichen und sozialen Hebung, dem Familienschutz, der Jugendfürsorge anerkennen und darüber wachen, dass nicht unter dem Deckmantel der konfessionellen Neutralität die modernen Verweltlichungs- und Verstaatlichungstendenzen den christlichen Geist zurückdrängen. Die Liebeswerke aber sollten unter der Führung des Kirchenbundes aus ihrer Vereinzelung heraustreten; sie sollten unter sich Fühlung nehmen, Erfahrungen austauschen und aus der Gemeinschaft Kraft schöpfen.»[32] Als Vorbild galt dabei die 1901 gegründete katholische Cari-

---

31 Erwin Joss, Anstalten und reformierte Kirche, in: Verein für schweizerisches Anstaltswesen (Hg.), 100 Jahre Schweizerisches Anstaltswesen. Jubiläumsbuch 1844–1944, Zürich 1945, 36f. Vgl. auch Archiv SEK, Protokoll der Abgeordnetenversammlung und Jahresbericht des Schweizerischen Evangelischen Kirchenbundes, Bern 1921, 5.

32 Emile Marion, Die protestantische Schweiz. Schweizerischer Evangelischer Kirchenbund – Ursprung und Geschichte, Zollikon 1958, 40f.
«Um die sozial wirksamen Kräfte zu sammeln, wäre es ratsam, einmal eine Konferenz schweizerischer evangelischer Arbeitsorganisationen in Verbindung mit dieser Kommission einzuberufen, […] etwa […] Fürsorgevereine, Anstaltsvertretungen, Diakonie, religiöse Presse, Vereine für Sonntagsheiligung, Sittlichkeitsvereine, evangelische Frauenvereine.» Siehe dazu Archiv SEK, Protokoll der Abgeordnetenversammlung und Jahresbericht des Schweizerischen Evangelischen Kirchenbundes,

tas Schweiz, die «den ihr angeschlossenen Werken viel leichter Hilfe bringen kann als die zersplitterten protestantischen Organisationen». Erst durch diesen Zusammenschluss sei die Vertretung nach Aussen möglich.[33]

Auch in den folgenden Jahren nahmen diese beiden Anliegen in den Verbandsdiskussionen grossen Raum ein. Wiederholt wurde «Fühlung» mit der katholischen Caritas aufgenommen,[34] wobei dies im eigenen Lager durchaus auf Vorbehalte stiess[35] – aber auch mit sogenannt neutralen Verbänden und dem Staat. Die Kritik des Schweizerischen Verbands für evangelische Liebestätigkeit und innere Mission traf aber auch Organisationen derselben Konfession, die langsam «einer religiösen Neutralität» verfallen seien. «Es zeigt sich aber, dass die meisten in einer Zeit der Säkularisierung der sozialen Arbeit, sich gern einer evangelischen Organisation anschliessen. Die Anmeldung zum Beitritt schliesst ein Bekenntnis zur evangelischen Grundlage ein.»[36] Ein weiteres Standbein solle der Verband in Form von Delegierten in «grossen neutralen Organisationen» haben, etwa in der Pro Familia, der Pro Juventute oder der

---

Bern 1926, 30 sowie Schweizerisches Sozialarchiv SozArch, Zürich, AR 443.15.2 Jahresberichte des Schweizerischen Verbandes für evangelische Liebestätigkeit und Innere Mission 1928–1940, Vierter Tätigkeitsbericht des Vorstandes des Schweizerischen Verbandes für Innere Mission und evangelische Liebestätigkeit 1942–1947.

33 Archiv SEK, Protokoll (vgl. Anm. 32), 30.

34 Vgl.: Archiv SEK, Protokoll der Abgeordnetenversammlung und Jahresbericht des Schweizerischen Evangelischen Kirchenbundes, Bern 1928, 30. «Die Fühlung mit der humanitären Fürsorge und der Caritas ist teilweise auch durch Besuche auf unserem Bureau von der anderen Seite gepflegt worden», in: SozArch, AR 443.15.2 Jahresberichte des Schweizerischen Verbandes für evangelische Liebestätigkeit und innere Mission 1928–1940, Bericht über den Ausbau des Sekretariates vom 11.05.1928.

35 Vgl.: «Zweimal sprach der schweizerische und internationale Caritassekretär im Büro vor und äusserte den Wunsch nach einer besseren Fühlung zwischen innerer Mission und Caritas, gerade im Hinblick auf die Welle des Säkularismus. Die Caritas nahm auch in ihrer Zeitschrift in freundlichem Sinne von der innern Mission Notiz, während auf evang. Seite nur schon die Erwähnung von etwas Katholischem in nicht tadelndem Sinn da und dort Anstoss erregt», in: SozArch, AR 443.15.2 Jahresberichte des Schweizerischen Verbandes für evangelische Liebestätigkeit und innere Mission 1928–1940, Tätigkeitsbericht der Geschäftsstelle des Schweizerischen Verbandes für innere Mission und evangelische Liebestätigkeit vom 26.09.1929.

36 Archiv SEK, Protokoll der Abgeordnetenversammlung und Jahresbericht des Schweizerischen Evangelischen Kirchenbundes, Bern 1929, 34.

Schweizerischen Gemeinnützigen Gesellschaft und ihrer Tochtergründungen,[37] so dass sich die innere Mission neben der katholischen Caritas ebenfalls Sitze «sichern könne». Sie habe auch «sonst Ursache, aufzupassen, was geht.» Insbesondere die Pro Juventute tilge durch die Reduktion von Stiftungskommissionsmitgliedern «unerwünschte Elemente, namentlich konfessionelle.»[38]

Die am Staat geübte Kritik – bzw. der vom Bund betriebenen Sozialpolitik – war, dass «die soziale Frage von ihrem geistigen Gehalt» zusehends entleert werde. Präsident Koechlin hielt dafür, dass der Staat keinesfalls den Begriff der konfessionellen Neutralität in dem Sinn auffassen dürfe, dass nur die öffentlich-rechtliche Fürsorge existenzberechtigt und darüber hinaus «konfessionell völlig neutral und indifferent» sein solle. Vielmehr müsse der Staat die konfessionelle Betätigung schützen bzw. unterstützen und der Verband wiederum gegen die Tendenz Stellung beziehen, «die den Staat mit einer neuen achristlichen und vielleicht sogar antichristlichen Weltanschauung unterbaue».[39] In dieser Frage wurde auch mit Katholiken verbands- und konfessionsübergreifend für die Erhaltung der «konfessionellen Arbeit in der öffentlichen Wohlfahrtspflege» eingestanden:[40] Deren Auffassung von Fürsorge verfolge «vielmehr das Ziel einer Durchdringung des Volksganzen, anstatt einer blossen Konfessionalisierung der Fürsorge. Angesichts der Folgen der heutigen Säkularisierungsbestrebungen und der anschwellenden Gottlosenbewegung ergeben sich auch zwischen evangelischer und katholischer Fürsorgearbeit gewisse Berührungspunkte und gemeinsame Interessen.»[41] Die Ansichten deckten sich durchaus, wie auch der Schweizerische katholische Anstaltenverband deutlich unterstrich: Die

---

37 Archiv SEK, Protokoll der Abgeordnetenversammlung und Jahresbericht des Schweizerischen Evangelischen Kirchenbundes, Bern 1932, 11.

38 SozArch, AR 443.15.2 Jahresberichte des Schweizerischen Verbandes für evangelische Liebestätigkeit und Innere Mission 1928–1940, V. Bericht des Sekretariats für innere Mission vom 15.06.1929.

39 SozArch, AR 443.15.2 Jahresberichte des Schweizerischen Verbandes für evangelische Liebestätigkeit und Innere Mission 1928–1940, Zweiter Tätigkeitsbericht des Vorstandes des Schweizerischen Verbandes für Innere Mission und evangelische Liebestätigkeit 1930–1935.

40 Archiv SEK, Protokoll der Abgeordnetenversammlung und Jahresbericht des Schweizerischen Evangelischen Kirchenbundes, Bern 1933, 33f.

41 Archiv SEK, Protokoll (vgl. Anm. 37), 26f.

christliche Caritas und Sozialarbeit habe im Gegensatz zur staatlichen Fürsorge eine «andere und tiefere Motivation», die ihre Wurzeln in der Liebe Gottes und im christlichen Menschenbild sähe.[42]

Zeitgleich mit der Schaffung des Schweizerischen Verbandes für Innere Mission und evangelische Liebestätigkeit wurde die «Notwendigkeit des Zusammenschlusses aller Kräfte und Einrichtungen der katholischen Wohltätigkeit zur Wahrung der gemeinsamen Interessen und zur Bewältigung der vielen und schwierigen Aufgaben unter Vermeidung von Zersplitterung» innerhalb der Caritas Schweiz besprochen. Auch die Abgrenzung oder Annäherung an interkonfessionelle Organisationen wurde diskutiert, denn auch «da könnte ein einzelner Katholik viel erreichen.» Mit einer gewissen Skepsis wurde festgestellt, dass eigene Glaubensvertreter und katholische Gemeinden die Unterstützung einer interkonfessionellen Institution eine der ihrigen bevorzugten: «Die Fragestellung ist also akut: Caritas oder Humanität.» Dies sei freilich nicht dasselbe, sie wichen in Ursprung, Geist und Zielen voneinander ab. «So wird die interkonfessionelle Fürsorge in ihrem innern Wesen nicht positiv christlich sein, es gar nicht sein können und ist darum eine Entchristlichung der Fürsorge. […] Darum müssen wir eben katholische Organisationen der Fürsorge haben, in caritativen Vereinigungen müssen wir arbeiten […].»[43] Insofern wurde bereits im April 1931 die Schaffung eines Zentralverbandes, der Schweizerische katholische Anstaltenverband, anvisiert, um «Mittel und Wege der praktischen Verwirklichung» zu suchen und um ganz konkret für die finanziell schlecht gestellten Anstalten «Sanierungsprojekte» auszuarbeiten. «Ein weiterer Vorteil des Zusammenschlusses wäre die Möglichkeit einer Kapitalkonzentration sowie des rationellen Einkaufs im Grossen von bestimmten Warengattungen (Kohle, Lebensmittel, u. a. m).» [44] Die Verbandsgründung gelang im Jahr 1932, so

---

42 Schweizerischer Katholischer Anstalten-Verband (Hg.), 50 Jahre Schweizerischer Katholischer Anstalten-Verband 1932–1982. Bewährung im Wandel, Luzern 1982, 6.

43 Staatsarchiv des Kantons Luzern StALU, Luzern, PA 461/1 Caritasverband Protokolle 1926–1932, Protokoll der Jahresversammlung des Schweizerischen Caritasverbandes vom 18.07.1927.

44 StALU, PA 461/1 Caritasverband Protokolle 1926–1932, Protokoll des leitenden Ausschusses des Schweizerischen Caritasverbandes vom 26.09.1931; vgl. auch: StALU, PA 461/2 Caritasverband Protokolle 1933–1936, Protokoll der Jahresversammlung des Schweizerischen Caritasverbandes vom 28.10.1935.

dass inklusive der Internatsschulen gegen 700 Anstalten unter einem Dach zusammengefasst wurden.[45] Der Schweizerische Armenerzieherverein konstatierte zur de facto katholischen Abspaltung aus seinen Reihen, dass dies sich dadurch erkläre, dass der Verein ein «stark reformiertes Gepräge an sich trug». Es sei zu hoffen, dass nach «der friedlichen Scheidung nicht eine chinesische Mauer der Trennung entstehe, sondern nur ein getrenntes Marschieren in der frohen Erwartung, dass man doch immer wieder gelegentlich vereint ‹schlage›».[46]

Nachweislich suchte auch die Caritas Kontakt zur evangelischen inneren Mission, insbesondere in Fragen des «immer mehr um sich greifenden Saecularismus», eine erste Zusammenkunft fand im Jahr 1930 statt.[47] Die katholischen Teilnehmer befanden retrospektiv, «es scheine, dass die Herren von der Innern Mission im eigenen Lager starken Widerstand gegen eine Annäherung an die Katholiken gefunden hätten.»[48] Doch auch im katholischen Kontext wurde einer Zusammenarbeit nicht vorbehaltlos zugestimmt. Die Kooperation mit neutralen und reformierten Verbänden müsse in zweifacher Ausprägung geschehen: «als offizielle Vertreter einer katholischen Organisation; als Privatperson.» In erster Funktion wurde bemängelt, dass interkonfessionelle Werke Katholiken «nicht an die eigentlichen Aufgaben» heranliessen. Es sei schwer, in der Zusammenarbeit mit Pro Juventute, Pro Infirmis, Pro Senectute, dem Roten Kreuz oder auch der Gemeinnützigen Gesellschaft Hemmungen zu beseitigen.[49]

—

[45] Alfons Fuchs, Anstalten und katholische Kirche, in: Verein für schweizerisches Anstaltswesen (Hg), 100 Jahre Schweizerisches Anstaltswesen. Jubiläumsbuch 1844–1944, Zürich 1945, 43. Vgl. auch: «Gott zum Gruss!»: Anstalts-Führung. Organ des Schweizerischen katholischen Anstalten-Verbandes, 1. Jg., Nr. 1, 02.1939, 2. Vgl. auch: Schweizerischer Katholischer Anstalten-Verband (Hg.), Im Dienste der Anstalten. Zur Erinnerung an die Jubiläums-Feier des Schweizerischen Katholischen Anstalten-Verbandes 1932–1957, Luzern 1957, 6f.

[46] Hermann Bührer, Der Verein für Schweizerisches Anstaltswesen. Gründung und Wachstum, in: Verein für schweizerisches Anstaltswesen (Hg.), 100 Jahre Schweizerisches Anstaltswesen. Jubiläumsbuch 1844–1944, Zürich 1945, 19.

[47] StALU, PA 461/1 Caritasverband Protokolle 1926–1932, Protokoll des leitenden Ausschusses des Schweizerischen Caritasverbandes vom 22.02.1930.

[48] StALU, PA 461/1 Caritasverband Protokolle 1926–1932, Protokoll des leitenden Ausschusses des Schweizerischen Caritasverbandes vom 24.02.1931.

[49] StALU, PA 461/3 Caritasverband Protokolle 1937–1944, Protokoll des leitenden Ausschusses des Schweizerischen Caritasverbandes vom 28.01.1943.

4. Resümee oder die Frage nach einer dezidiert protestantischen Form der Fremderziehung

Die Fremdplatzierung in reformierte Heime wurde in dreierlei Hinsicht reflektiert: Erstens als Dichotomie zwischen öffentlich-rechtlicher und privater Armenfürsorge, wobei festgestellt werden konnte, dass besonders im Bereich der «milderen» Armenpflege konfessionelle Akteure ein reges Tätigkeitsfeld fanden. Moral und Religion waren neben der Arbeit probates Instrument zur Erziehung fremdplatzierter Jugendlicher. Insbesondere in pietistischen Anstalten standen das «Rettungserlebnis» und die Hinführung zu Gott als eines der wesentlichsten Interventionsziele im Fokus. Dabei wurde aufgezeigt, dass reformierte Heime mit angelehnten «Familienstrukturen» im Diesseits, katholische Anstalten mit geistlichem Personal eher im Jenseits verhaftet waren. Zweitens verdeutlichte die quantitative Analyse die parallele Entwicklung reformierter, katholischer und interkonfessioneller Institutionen und Vereine in der Schweiz zwischen 1850 und 1930. Drittens stand auf Verbandsebene die Fremdplatzierung und die konfessionelle Fürsorge im Allgemeinen zwischen 1920 und 1940 im Vordergrund, anhand derer eine – analog zur behördlichen – konfessionelle Rationalisierung der Fürsorge beobachtet werden konnte: Im Zentrum stand dabei die Bündelung der disparaten Kräfte sowie die Kritik an der vom Staat und «neutralen» Organisationen vorangetriebenen Entchristlichung der Fürsorge.

Die Fremdplatzierung unter Mitwirkung konfessioneller und die unter Mitwirkung interkonfessioneller Akteure unterscheiden sich vordergründig nur wenig voneinander: «Wenn aus dem christlichen Lager der Alarmruf ertönte: ‹Gott will es!›, so rief es aus den Scharen der Bürger: ‹Die Ordnung des Staates will es!› und das Echo der Philanthropen hallte: ‹Die Menschlichkeit will es!› Alle diese Richtungen waren darin einig, dass jedes Menschenkind eine nach Entfaltung strebende Seele besitze.»[50] Die sozialen Folgen der Industrialisierung, der stark moralgesteuerte Blick auf die Unterstützungsempfänger, die religiöse Bedeutung der «Rettung verwahrloster Kinder» sowie die «Säkularisierung» der Fürsorge beschäftigten zeitgleich reformierte wie auch katholische Exponen-

---

50 Bührer, Verein (vgl. Anm. 46), 11f.

ten.[51] Unterschiede liessen sich indes bei der Entwicklung und Anzahl der konfessionell geprägten Anstalten und Vereine entdecken: Reformierte Rettungs- und Armenerziehungsanstalten waren Mitte des 19. Jahrhunderts in bedeutend höherer Anzahl als katholische Einrichtungen vorhanden, dieses Ungleichgewicht wurde bis in die 1930er-Jahre nivelliert. Die Gestaltung des Heimalltags stellte indes den hauptsächlichen Unterschied zwischen den beiden Ausprägungen dar: hier lag die Führung bei einem reformierten Hauselternpaar, dort bei katholischen Ordensleuten.[52] Eine systematische Analyse, Zusammenführung und Gegenüberstellung einzelner Institutionsgeschichten beider Denominationen könnten – neben der Betrachtung der strategisch ausgerichteten Verbandsebenen – das Verständnis hinsichtlich Spezifika der reformierten Fremdplatzierung wesentlich fördern.

---

51 Urs Hofmann, «Nur das Evangelium vermag die soziale Frage zu lösen». Die reformierte Kirche und die Armenpolitik im 19. und frühen 20. Jahrhundert, in: Josef Mooser/Simon Wenger (Hg.), Armut und Fürsorge in Basel. Armutspolitik vom 13. Jahrhundert bis heute, Beiträge zur Basler Geschichte, Basel 2011, 141.

52 Marco Leuenberger/Loretta Seglias, Geprägt fürs Leben. Lebenswelten fremdplatzierter Kinder in der Schweiz im 20. Jahrhundert, Zürich 2015, 268–270.

Handlungsmöglichkeiten der reformierten Kirchen im Prozess der Aufarbeitung

Florian Fischer

Einleitung

Den evangelisch-reformierten Kirchen bieten sich im Prozess der Aufarbeitung der bis in die 1980er-Jahre in der Schweiz praktizierten fürsorgerischen Zwangsmassnahmen und Fremdplatzierungen verschiedene Handlungsmöglichkeiten. So unterschiedlich sich die Ausgangslage für die verschiedenen Landeskirchen, Kirchgemeinden und kirchlichen Vereine und Organisationen präsentiert – einige waren stärker, andere gar nicht in die Praxis fürsorgerischer Zwangsmassnahmen involviert –, so unterschiedlich sind auch die Möglichkeiten, wie sich die Kirchen am Aufarbeitungsprozess beteiligen oder diesen unterstützen können. Die folgenden Ausführungen versuchen punktuell einige mögliche Felder aufzuzeigen, in denen die Kirchen tätig werden können oder es bereits sind. Sie bleiben beispielhaft und sind nicht als generelle Handlungsgrundsätze zu verstehen.

Kirchliche Quellen im wissenschaftlichen Aufarbeitungsprozess

Einen ersten Fokus müssten die Kirchen auf ihre Archive im Hinblick auf deren Rolle als mögliche Quellen im wissenschaftlichen Aufarbeitungsprozess richten. In vorangehenden Beiträgen wurde bereits über die Aufgaben und laufenden Arbeiten der Unabhängigen Expertenkommission zur wissenschaftlichen Aufarbeitung der administrativen Versorgungen (UEK Administrative Versorgungen) berichtet. Parallel zu deren Arbeit gab es in den letzten Jahren bereits unterschiedliche Forschungsprojekte, die sich mit fürsorgerischen Zwangsmassnahmen und Fremdplatzierungen beschäftigt haben. Zahlreiche weitere Projekte laufen zurzeit und werden auch im Hinblick auf die Rolle der Kirchen aktuelle Ergebnisse und Resultate zusammentragen.[1] Damit eine historische oder sozialwissenschaftliche Aufarbeitung aber geschehen kann, ist etwas unumgänglich: das Vorhandensein von Quellen.

1. Forschungsarbeit mit Quellen

Eine der meistzitierten Definitionen des Quellen-Begriffs in der Geschichtswissenschaft stammt von Paul Kirn: «Quellen nennen wir alle Texte, Gegenstände oder Tatsachen, aus denen Kenntnis der Vergangenheit gewonnen werden kann.»[2] Es geht also darum, aufgrund von Informationen und Daten, die uns überliefert sind, Aussagen über die Vergangenheit zu machen. Diese können Historikerinnen und Historikern in unterschiedlichster Ausprägung begegnen. Ziel und Aufgabe der historischen Forschung ist es, diese Quellen kritisch zu analysieren, die Ergebnisse einzuordnen und zu interpretieren.

1.1. Schriftliche Quellen

Die Rechtswissenschaft kennt den Grundsatz «quod non est in actis, non est in mundo» – «Was nicht in den Akten ist, ist nicht in der Welt». Was in einem Verfahren vor Gericht durchaus eine wertvolle Maxime sein kann, ist vielleicht gerade in einem theologischen Umfeld eine etwas zu absolute Behauptung. Dennoch stehen Forscherinnen und Forscher beziehungsweise Benutzerinnen und Benutzer von Archivbeständen oft genau vor dieser Tatsache: Gibt es über einen Sachverhalt keinen schriftlichen Niederschlag, so ist es schwierig, den Sachverhalt zu rekonstruieren, oder es kann sogar unmöglich sein, überhaupt definitiv sagen zu können, dass etwas existiert oder stattgefunden hat. Das kann im Fall von Betroffenen fürsorgerischer Zwangsmassnahmen oder Fremdplatzierungen nicht nur entmutigend sein, sondern auch persönliche Konsequenzen haben. «Für die Aufarbeitung und Bewältigung des individuellen

---

1 Für eine Übersicht über aktuell laufende Forschungsprojekte sei auf die Webseite der UEK Administrative Versorgungen verwiesen. UEK Administrative Versorgungen (Hg.), Forschungsprojekte zu fürsorgerischen Zwangsmassnahmen in der Schweiz, URL: http://uek-administrative-versorgungen.ch/forschungsprojekte-zu-fszm-in-der-schweiz (05.05.2017).

2 Paul Kirn, Einführung in die Geschichtswissenschaft, Berlin 1952, 30.

Schicksals ist es von erheblicher Bedeutung, zu erfahren oder Gewissheit darüber zu erlangen, wer und aus welchen Gründen eine Zwangsmassnahme oder Fremdplatzierung angeordnet hat», schreibt etwa der Runde Tisch für die Opfer von fürsorgerischen Zwangsmassnahmen und Fremdplatzierungen in seinem Bericht vom Juli 2014.[3]

1.2. Oral History

Im 20. Jahrhundert entstand unter dem Begriff «Oral History» eine weitere Methode der Geschichtswissenschaft, die sich mit Quellen beschäftigt, die nicht physisch vorhanden sind.[4] Da schriftliche Quellen oftmals nur von einem bestimmten Personenkreis stammen, also zum Beispiel von Verwaltungspersonal, von Personen, die biografische Aufzeichnungen verfassten oder von Forscherinnen und Forschern, wird mittels Oral History versucht, Berichte von unterschiedlichen Zeitzeuginnen und Zeitzeugen zu erfassen. Oral History ist damit nicht nur eine historische Methode, sondern findet auch Anwendung in anderen wissenschaftlichen und nicht-wissenschaftlichen Disziplinen wie etwa der Sozialanthropologie, der Humangeografie, der Soziologie, der Linguistik oder dem Journalismus.

Insbesondere im Gebiet von administrativen Versorgungen oder Vorkommnissen in Kinder- und Erziehungsheimen kann diese Methode neben der Archivrecherche zu einer, wie Martina Akermann, Sabine Jenzer und Markus Furrer in Bezug auf Kinderheime sagen, «gewichtigen Referenzgrösse» werden.[5] Selbstverständlich sind an Erinnerungen – seien sie wie bei Oral History mündlich wiedergegeben oder verschrift-

3 Eidgenössisches Justiz- und Polizeidepartement (EJPD) (Hg.), Bericht und Massnahmenvorschläge des Runden Tisches für die Opfer von fürsorgerischen Zwangsmassnahmen und Fremdplatzierungen vor 1981 vom 1. Juli 2014, Bern 2014, 30.

4 Vgl. zur Einführung etwa Dorothee Wierling, Oral History, in: Michael Maurer (Hg.), Aufriss der Historischen Wissenschaften. Bd. 7: Neue Themen und Methoden der Geschichtswissenschaft, Stuttgart 2003, 81–151.

5 Martina Akermann/Markus Furrer/Sabine Jenzer, Luzerner Kinderheime in der Erinnerung, in: Markus Ries/Valentin Beck (Hg.), Hinter Mauern. Fürsorge und Gewalt in kirchlich geführten Erziehungsanstalten im Kanton Luzern, Zürich 2013, 81–114, 82.

licht wie etwa in Form von Memoiren – spezielle quellenkritische Fragen zu stellen.[6]

Die nachfolgenden Betrachtungen gehen nicht vertieft auf die Möglichkeiten der Oral History ein. Sie beschränken sich vielmehr auf schriftliche Quellen in kirchlichen Archiven. Ebenso nicht behandelt werden in den folgenden Ausführungen zum Beispiel Zeugnisse oder Erinnerungen von Betroffenen.

2. *Kirchliche Archive*

Waren die Archive der staatlichen Obrigkeit als Aufbewahrungsort schriftlicher Quellen lange Zeit verschlossene, nur wenigen Personen zugängliche Informationsspeicher, die als ein Mittel der Herrschaftsausübung und Herrschaftslegitimation fungierten, so wurde der Zugang zu den Archiven mit der Französischen Revolution liberalisiert und das Archiv zu einem wichtigen Element der Rechtssicherung, Rechtssicherheit und Rechenschaftsablage im demokratischen Staat.[7] Das gleiche gilt heute in der Regel auch für die öffentlich-rechtlichen und demokratisch verfassten Kirchen und Religionsgemeinschaften.

In den meisten Kantonen sind die evangelisch-reformierten Kirchen öffentlich-rechtlich anerkannte Landeskirchen. In der Diskussion um die staatliche Anerkennung von Glaubensgemeinschaften wird oft erwähnt, dass diese Anerkennung nicht nur Rechte wie zum Beispiel den Steuerbezug beinhaltet, sondern eben auch Pflichten. Eine dieser Pflichten ist die Führung eines Archivs.

Die Gesetzeslage ist, wie gewohnt, von Kanton zu Kanton verschieden. Während in einigen Kantonen kantonales staatliches Recht subsidiär auf oder durch die Religionsgemeinschaften angewendet wird, haben in anderen Kantonen die Kirchen eigene rechtliche Grundlagen zur Archivierung erlassen. Sofern nicht eidgenössisches oder kantonales Recht die entsprechenden Bestimmungen derogiert, gelten für die unterschiedli-

---

6 Vgl. auch Martina Akermann/Markus Furrer/Sabine Jenzer, Bericht Kinderheime im Kanton Luzern im Zeitraum von 1930–1970. Schlussbericht zuhanden des Regierungsrats des Kantons Luzern, unter der Leitung von Markus Furrer, Luzern 2012, 7.

7 Jakob Tanner, Von der «Brustwehr des Staates» zum Dokumentenkorpus im Cyberspace. Gegenwartsprobleme des Archivs in historischer Perspektive, SZG 53 (2003), 345–349, 345.

chen Unterlagen der Behörden und Institutionen der Landeskirche beziehungsweise der Kirchgemeinden eigene Aufbewahrungsfristen.[8]

Wir müssen im vorliegenden Forschungsgebiet – um es mit der Quellendefinition von Johann Gustav Droysen zu sagen – natürlich vor allem mit «Überrestquellen» rechnen, also mit Quellen, die ohne historiografische Überlieferungsabsicht erstellt wurden und die zu ihrem Entstehungszeitpunkt und meist auch darüber hinaus einen anderen Zweck erfüllten.[9] Man kann deshalb davon ausgehen, dass es primär Akten sind, die im Rahmen der Tätigkeit der Kirche entstanden sind, die aus heutiger Sicht zu administrativen Zwangsmassnahmen oder Fremdplatzierungen gezählt werden müssen: Also zum Beispiel die Korrespondenz einer Katechetin oder eines Pfarrers mit Vormundschaftsbehörden oder anderen staatlichen Institutionen über ein bestimmtes Gemeindemitglied. Oder ein Inspektionsbericht des Pfarrers über eine Bauernfamilie, die Verdingkinder aufgenommen hat. Möglich sind etwa auch Einträge im Protokoll zu einer Sitzung des Kirchgemeindevorstandes, der Kirchenpflege oder eines kirchlich geführten Vereins. Oder ein Vermerk in einem Personaldossier zum «Lebenswandel» einer angestellten Sigristin oder des Organisten. Zu den wichtigsten Quellen dürften auf alle Fälle die Akten über Personen gehören, die in kirchlich geführten oder von den Kirchen getragenen Kinder- und Erziehungsheimen platziert wurden, sogenannte «Zöglings-Dossiers».[10]

3. *Überlieferungslage*

In einem Archiv ist nicht automatisch alles zu finden. Archivalische Überlieferung ist das Ergebnis eines Arbeitsprozesses, bei dem aus Schriftgut, welcher Art auch immer, allgemein nutzbares Archivgut wird. Dieser Prozess wird durch das zuständige Archiv verantwortet.[11] Neben

---

8 Ein klassisches Beispiel ist die Aufbewahrung von Buchhaltungsunterlagen, für welche das Obligationenrecht eine zehnjährige Frist festlegt. Vgl. Art. 957–963 OR (SR 220); konkret Art. 958f Abs. 1 OR.

9 Johann Gustav Droysen, Grundriss der Historik, Leipzig 1868, 14f.

10 Vgl. zum Begriff «Zöglings-Akten» etwa Akermann/Furrer/Jenzer (vgl. Anm. 6), 10–13.

11 Robert Kretschmar, Quellensicherung im institutionellen Rahmen. Zur Macht und Ohnmacht der Archive bei der Überlieferungsbildung, in: Rainer Hering/Dietmar Schenk (Hg.), Wie mächtig sind Archive? Perspektiven der Archivwissenschaft, Hamburg 2013, 45–63, 47.

der Verzeichnung und Ordnung, Aufbewahrung und Sicherung sowie der Vermittlung ist eine der wichtigsten Aufgaben des Archivs also die Bewertung und Auswahl der sogenannt archivwürdigen Unterlagen beziehungsweise der Entscheid über die Aussonderung und Vernichtung von Unterlagen, die nicht ins Archiv übernommen werden. Archivarinnen und Archivare werden so zu «‹Oblivionisten›, die in der Gegenwart mit darüber entscheiden, woran man sich in der Zukunft erinnern und was man vergessen haben wird».[12]

Berufsarchivarinnen und -archivare arbeiten gemäss dem «Kodex ethischer Grundsätze» ihres Standes und den für sie geltenden gesetzlichen Bestimmungen mit der notwendigen Sorgfalt, wenn sie Aktenbestände bewerten.[13] Trotzdem können sich – wie wir im vorliegenden Fall zu Akten betreffend fürsorgerischen Zwangsmassnahmen und Fremdplatzierungen sehen – Forschungsinteressen oder die gesellschaftliche, politische oder historische Bedeutung eines Themas seit dem Zeitpunkt der Bewertung ändern. Hinzu kommt die Tatsache, dass gerade im kirchlichen Umfeld, zum Beispiel auf Ebene der Kirchgemeinden, die Archive oft nicht durch Fachpersonal geführt werden. Die Zuständigen – wenn sie überhaupt definiert sind – sind oft zu wenig über mögliche Forschungsinteressen an den durch sie betreuten Beständen informiert, selbst wenn sie ihre Aufgaben nach bestem Wissen und Gewissen ausführen.

Was sich in reformierten kirchlichen Archiven genau finden lässt, wird letztlich wohl auch Teil der Forschungsarbeit der UEK Administrative Versorgungen oder eines anderen Projekts sein, zum Beispiel im Rahmen eines möglichen Nationalen Forschungsprogramms des Schweizerischen Nationalfonds.

---

12 Max Huber, Archivische Bewertung. Aspekte, Probleme, Konjunkturen, in: Arbido 4, 2009, 8–12, 8. Max Huber verwendet den Begriff «Oblivionisten» wohl in Anlehnung an das englische Wort «oblivion», zu Deutsch «Vergessenheit».

13 «Kodex ethischer Grundsätze für Archivarinnen und Archivare»: Verein Schweizerischer Archivarinnen und Archivare (Hg.), Ethikkodex, URL: http://vsa-aas.ch/beruf/ethikkodex/ (05.05.2017).

4. *Sichern der Bestände und Sensibilisierung der Verantwortlichen*

Der Bundesrat hat in seiner Botschaft vom 4. Dezember 2015 zur Wiedergutmachungsinitiative und dem indirekten Gegenvorschlag deshalb aus den genannten Gründen auch den Schutz der Bestände als eine wichtige Massnahme hervorgehoben.[14] Während bereits im Bundesgesetz über die Rehabilitierung administrativ versorgter Menschen festgehalten wurde, dass Behörden von Bund, Kantonen und Gemeinden für die Aufbewahrung der Akten sorgen,[15] wurde im Entwurf zum Bundesgesetz über die Aufarbeitung der fürsorgerischen Zwangsmassnahmen und Fremdplatzierungen vor 1981 vorgeschlagen, die Aufbewahrung und damit den Vernichtungsschutz auf weitere Institutionen auszudehnen und sie der Informations-, Datenschutz- und Archivgesetzgebung ihres Sitzkantons zu unterwerfen.[16] Der Gesetzesentwurf nahm damit eine Empfehlung des Runden Tisches auf, der eine Ausdehnung der Aufbewahrungspflicht auch auf «private Archive wie z. B. jene von Heimen und Kirchen» vorgeschlagen hat.[17]

Hier ergibt sich für die Kirchen wohl eine der wichtigsten Handlungsmöglichkeiten: Sie sollten sicherstellen, dass Aktenbestände, die Unterlagen zu Betroffenen fürsorgerischer Zwangsmassnahmen oder Fremdplatzierungen enthalten können, nicht vernichtet werden und die Verantwortlichen für die Archive diesbezüglich sensibilisiert sind. Gleichzeitig

---

14 Botschaft des Bundesrates zur Volksinitiative «Wiedergutmachung für Verdingkinder und Opfer fürsorgerischer Zwangsmassnahmen (Wiedergutmachungsinitiative)» und zum indirekten Gegenvorschlag (Bundesgesetz über die Aufarbeitung der fürsorgerischen Zwangsmassnahmen und Fremdplatzierungen vor 1981) vom 4. Dezember 2015 (15.082), BBl 2016 101 (119).

15 Art. 6 Abs. 1 Bundesgesetz über die Rehabilitierung administrativ versorgter Menschen vom 21. März 2014 (SR 211.223.12).

16 Art. 10 Abs. 4 Entwurf zum Bundesgesetz über die Aufarbeitung der fürsorgerischen Zwangsmassnahmen und Fremdplatzierungen vor 1981 (E-AFZFG), BBl 2016 147.

17 BBl 2016 101 (119, vgl. Anm. 16). Vgl. dazu auch EJPD, Bericht (vgl. Anm. 3), 9 sowie 30–34. Die Eidgenössischen Räte haben das AFZFG am 30. September 2016 angenommen. Der 3. Abschnitt des Gesetzes zu den Themen Archivierung und Akteneinsicht (Art. 10–13) wurde entsprechend der Vorlage des Bundesrates, mit einigen wenigen redaktionellen Anpassungen, übernommen. Sollte das neue Bundesgesetz wie geplant in Kraft treten, ersetzt es das Bundesgesetz über die Rehabilitation administrativ versorgter Menschen vom 21. März 2014.

sollten die Archive der Forschung und den einsichtssuchenden Betroffenen im Rahmen der geltenden gesetzlichen Bestimmungen offen stehen.

Das Archivieren beziehungsweise die Ablage von archivrelevanten Unterlagen sind kein Alltagsgeschäft. Die Archivierung kommt – naturgemäss – erst am Ende des sogenannten Lebenszyklus' von Unterlagen.[18] Das ist nicht weiter schlimm, aber es lässt die zuständigen Personen im Kirchgemeindevorstand oder im Sekretariat einer Kirchgemeinde, die nicht täglich oder sogar beruflich mit dem Archiv zu tun haben, wie erwähnt zwischendurch vielleicht etwas ratlos zurück. Die Vernichtung von Unterlagen oder Archivbereinigungen geschehen selten aus «bösem Willen» oder im bewussten Verstoss gegen geltende Bestimmungen oder sogar gesetzliche Vorgaben. Deshalb ist die Sensibilisierung der zuständigen Stellen auch von kirchlicher Seite her wichtig. Im Übrigen hat der Runde Tisch für die Opfer von fürsorgerischen Zwangsmassnahmen und Fremdplatzierungen in seinem Bericht vorgeschlagen, «dass die Verantwortlichen der kantonalen, kommunalen und privaten sowie insbesondere der kirchlichen Archive weiterhin sensibilisiert und in Bezug auf Aktenführung, Aktensicherung und Gewährung von Akteneinsicht durch die Staatsarchive unterstützt werden» sollen.[19]

Aus den obgenannten Beispielen zeigt sich, dass die Überlieferungslage kompliziert sein kann. Zudem sind Aktenbestände von vor 1981 betroffen. Auch wenn dies im Blick der Historikerinnen und Historiker auf Archive mit jahrhundertealten Dokumenten ein äusserst kurzer Zeitraum ist, so dürften die über 35 Jahre, die seither vergangen sind, für die heute für Aktenführung und Archivierung zuständigen Personen eher Distanz zu den Beständen schaffen.

Die Fragen, die deshalb entstehen, können ganz unterschiedlich sein: Dürfen wir gar nichts mehr entsorgen? Wo können Unterlagen für Betroffene auftauchen? Wie bearbeite ich Anfragen von Personen, die unser Archiv einsehen möchten? Darf ich das überhaupt? Wir haben doch nichts mehr aus dieser Zeit – oder doch und wenn ja, wo? Und so fort …

---

[18] Vgl. dazu etwa das Kapitel «Der Lebenszyklus von Unterlagen»: Staatsarchiv des Kantons Zürich (Hg.), Leitfaden zur Führung von Gemeindearchiven im Kanton Zürich, Zürich 2016, 6–13.

[19] EJPD, Bericht (vgl. Anm. 3), 9 sowie 33.

Wie erwähnt hat auch hier der Runde Tisch vorgeschlagen, dass die kantonalen Archive Unterstützung bieten sollen.[20] Die Empfehlung fand auch Eingang in die nun vorliegenden Gesetzesentwürfe.[21] Die Verantwortlichen für kirchliche Archive sollten also nicht zögern, sich an den Orten Unterstützung zu holen, die nicht nur über ein generelles Knowhow zu Aktenführung und Archivierung verfügen, sondern die sich bereits mit den entsprechenden Fragen auseinandersetzen. Insbesondere was die Rechte von Betroffenen auf Einsicht in die eigenen Unterlagen angeht, dürfen sich die Kirchen jederzeit mit Fachpersonen in den kantonalen Archiven oder Opferberatungs- und -hilfestellen in Verbindung setzen. Diese Institutionen wurden von der Konferenz der kantonalen Sozialdirektorinnen und Sozialdirektoren (SODK) als Anlaufstellen für Betroffene definiert.[22] Gleichzeitig hat die Schweizerische Archivdirektorinnen- und Archivdirektorenkonferenz (ADK) verschiedene Empfehlungen für Behörden, Institutionen und Betroffene ausgearbeitet.[23]

Umgang mit Betroffenen

Die Sicherung von Aktenbeständen hat aber nicht nur, wie im vorangehenden Abschnitt erwähnt, einen hohen Stellenwert für die wissenschaftliche Aufarbeitung. Selbstverständlich ist es vor allem für Betroffene wichtig, dass sie – wenn sie dies wünschen – Zugang zu den sie betreffenden Akten erhalten können. Allerdings werden Kirchen nicht nur mit Betroffenen in Kontakt kommen, wenn es um Fragen der Aktenüberlieferung geht, weshalb der nächste Teil etwas allgemeiner gehalten ist.

---

20 Ebd.

21 Art. 12 Abs. 2 E-AFZFG.

22 Konferenz der kantonalen Sozialdirektorinnen und Sozialdirektoren (SODK) (Hg.), Anlaufstellen in den Kantonen und Adressen der Staatsarchive für Direktbetroffene von fürsorgerischen Zwangsmassnahmen und Fremdplatzierungen bis 1981, URL: www.fuersorgerischezwangsmassnahmen.ch/pdf/Adressen_Anlaufstellen.pdf (09.05.2017).

23 Informationsschreiben vom 19. Dezember 2013 von EJPD, SODK und ADK zu den Empfehlungen der ADK betreffend Archivierung und Akteneinsicht an Behörden und Institutionen sowie an Betroffene vom 29. Oktober 2013, URL: www.fuersorgerischezwangsmassnahmen.ch/de/anlaufstellen.html (05.05.2017).

Betroffene – und auch deren Angehörige – können sich aus verschiedenen Gründen an kirchliche Institutionen oder Mitarbeitende wenden. Auch hier ist, und das sei als eine weitere Handlungsmöglichkeit erwähnt, wichtig, dass die Kirchen sensibilisiert sind auf Bedürfnisse von Betroffenen.

Im Staatsarchiv des Kantons Zürich haben Kolleginnen und Kollegen, die mit Betroffenen in Kontakt stehen, an einer Informationsveranstaltung für Archivverantwortliche in den Gemeinden folgendes Beispiel einer Anfrage gebracht:

> «Sehr geehrte Damen und Herren
> Ich wünsche eine Kopie meiner Akten im Rahmen von fuersorgerischezwangsmassnahmen.ch.
> Meine Angaben:
> Ich bin der Sohn von Anna und Beat Meier-Muster.
> Hans Meier, geb. 1.2.1943 in Zürich, Bürgerort: Baden.
>
> Mit freundlichen Grüssen
> Hans Meier»

In diesem Beispiel werden mögliche Akten in einem Archiv gesucht. Man sieht jedoch sofort, welche Herausforderung diese Anfrage mit sich bringen kann. Wie ist Herr Meier betroffen? Gibt es weitere Daten zu seiner Biografie wie Wohn- oder Aufenthaltsorte? Welche fürsorgerischen Zwangsmassnahmen wurden verordnet (Heimaufenthalt, Fremdplatzierung, Verdingung)? Und in welchem Zeitraum? Gibt es weitere Daten zu seinen Eltern? Und so fort.

Herr Meier geht vielleicht davon aus, dass irgendwo in einem Archiv ein Dossier mit allen Unterlagen zu seiner Vergangenheit im Kinderheim liegt, das man nur zu kopieren braucht. Das ist in der Regel nicht der Fall. Je nach Biografie waren verschiedene Behörden, Institutionen und Stellen involviert. An einigen Orten gibt es vielleicht noch Unterlagen, an anderen nicht mehr. Wie kann man Herrn Meier konkret helfen?

Der erste Grundsatz ist eine Selbstverständlichkeit: Die anfragende Person sollte ernst genommen werden, auch wenn eine Anfrage eventuell wenig konkret, nicht sehr differenziert oder sogar anklagend daherkommt. Eine Anfrage oder ein Kontakt kann für Betroffene ein grosser Schritt sein. Das Anliegen sollte ernst genommen werden und man sollte abklären, ob man beispielsweise Akten zu einem entsprechenden Fall findet. Man sollte auch erklären, warum vielleicht nicht direkt geholfen werden kann. Und auch hier gilt: Man sollte den Kontakt zu Anlauf- und Fachstellen vermitteln, wenn es um die Aufarbeitung der persönlichen Geschichte geht.

Ein anderes Beispiel könnte man im Bereich der kirchlichen Seelsorge ansiedeln. Betroffene suchen vielleicht mit ihrer ganz persönlichen Geschichte auch den Kontakt zu Seelsorgerinnen oder Seelsorgern. Hier ist es wichtig, dass diese ebenfalls entsprechend informiert sind. Die Aus- und Weiterbildung von kirchlichen Mitarbeitenden ist deshalb eine weitere Handlungsmöglichkeit. Vielleicht lässt sich über die landeskirchliche Weiterbildung ein Workshop oder ein Vernetzungsanlass für Pfarrpersonen, Sozialdiakoninnen oder kirchliche Sozialarbeiter zu möglichen Anfragen im Bereich fürsorgerische Zwangsmassnahmen und Fremdplatzierungen einrichten. Seelsorgerinnen und Seelsorger sind oft gut vernetzt und wissen, wo und wie sie weitere Hilfe vermitteln können, wenn eine Person Unterstützung ausserhalb des seelsorgerlichen Rahmens wünscht. In der vorliegenden Thematik kann es aber sinnvoll sein, die möglichen Kontakte zu Opferberatungsstellen oder kantonalen Archiven noch einmal bekannt zu machen.

Aktive Rolle im Aufarbeitungsprozess am Beispiel der Römisch-katholischen Kirche im Kanton Luzern

Als konkretes Beispiel, wie Kirchen eine aktive Rolle bei der Aufarbeitung einnehmen können, soll nachfolgend kurz die Geschichte der Studie «Hinter Mauern» zu Fürsorge und Gewalt in kirchlich geführten Erziehungsanstalten im Kanton Luzern vorgestellt werden.[24]

Im Februar 2007 reichten zwei Synodale und 15 Mitunterzeichnende die Motion «Verding- und Heimkinder» in der Synode der Römisch katholischen Landeskirche des Kantons Luzern ein, mit der Aufforderung, die Bischofskonferenz und die landeskirchlichen Institutionen

---

24 Markus Ries/Valentin Beck (Hg.), Hinter Mauern. Fürsorge und Gewalt in kirchlich geführten Erziehungsanstalten im Kanton Luzern, Zürich 2013.

sollten sich für begangenes Unrecht und das Schweigen darüber entschuldigen.[25]

Im November 2008 verabschiedete die Synode unter dem Titel «Menschenwürde hat Vorrang» eine Erklärung zu Lebensschicksalen von Heim- und Verdingkindern.[26] Darin baten sowohl die Bistumsregionalleitung (Bischofsvikariat St. Viktor des Bistums Basel) wie auch die landeskirchlichen Behörden um Verzeihung und kündigten weitere Schritte an.

Ein erster kleiner Meilenstein war die Enthüllung eines «Denk-Mals» in Rathausen im August 2009, «als stete Erinnerung für den Vorrang der Menschenwürde der Schwachen und Benachteiligten vor allen anderen Interessen».[27] Rathausen, Standort jenes kirchlich geführten kantonalen Erziehungsheims, das spätestens durch die Dokumentarfilme von Beat Bieri 2010 und 2012 traurige Berühmtheit erlangt hat, wurde bewusst gewählt.[28] «Wer hungrig oder wehen Herzens Äpfel stibitzt, ist kein Dieb», heisst es unter anderem auf der Tafel neben einem Apfelbaum im Garten des ehemaligen Klosters. Unterzeichnet ist die Tafel von den «Luzerner Katholikinnen und Katholiken».

Die Landeskirche, die mit dem Heim in Rathausen nichts zu tun hatte, setzte bewusst ein Zeichen, als sie sich zusammen mit der Bistumsregionalleitung im Namen der Katholikinnen und Katholiken entschuldigte. Es ging darum, die Betroffenen ernst zu nehmen und sich den eigenen Schattenseiten zu stellen, damit Fehler von damals nicht wieder-

---

25 Hans Egli, Florian Flohr und Mitunterzeichnende, Motion 2007/3 vom 17. Februar 2007 betreffend Verding- und Heimkinder, URL: www.lukath.ch/wp-content/uploads/2015/10/2007_3_verdingkinder_motion.pdf (05.05.2017).

26 Synode der Römisch-katholischen Landeskirche des Kantons Luzern, «Menschenwürde hat Vorrang». Erklärung zu Lebensschicksalen von Verding- und Heimkindern der Synode, des Synodalrates und des Bischofsvikariats St. Viktor. Verabschiedet am 5. November 2008, URL: www.lukath.ch/wp-content/uploads/2015/10/erklaerung_verdingkinder_0811051.pdf (05.05.2017).

27 Ebd.

28 Die Filme «Das Kinderzuchthaus Rathausen» (2010) und «Kindergeschichten – Misshandelt nach göttlichem Recht» (2012) von Beat Bieri wurden beide im Rahmen der Sendung «DOK» im Schweizer Radio und Fernsehen SRF ausgestrahlt.

holt würden.[29] Es gab und gibt auch Kritik am Denk-Mal, das mit dem Bild des Apfel-Stibitzens einen aus der Not begangenen Fehler bei den Betroffenen feststellen würde, der damals nur überbewertet worden sei.[30]

Im Mai 2011 bewilligte die Synode dann einen Kredit zu Erstellung einer wissenschaftlichen Studie, die im März 2013 veröffentlicht und später an einer öffentlichen Tagung vertieft wurde. Die Studie «Hinter Mauern», herausgegeben von Markus Ries und Valentin Beck, «untersucht die Ursachen von Gewaltanwendungen in kirchlich geführten Erziehungsanstalten im Kanton Luzern aus verschiedenen wissenschaftlichen Blickwinkeln. In sieben Teilstudien aus pastoraltheologischer, ethischer, historischer, pädagogischer und kirchengeschichtlicher Sicht bringt sie das erfahrene Leid ehemaliger Heimkinder zur Sprache, fragt nach seinen Voraussetzungen und reflektiert das künftige kirchliche Wirken in diesem Bereich.»[31]

Bezeichnend ist, dass gleichzeitig mit der Präsentation der Studienergebnisse im Herbst 2012 auch der Schlussbericht zu der vom Regierungsrat des Kantons Luzern in Auftrag gegebenen Studie zu Kinderheimen der Öffentlichkeit vorgestellt wurde.[32] Diese erste von einem Kanton in Auftrag gegebene Studie über Kinderheime war historisch ausgelegt und analysierte wirtschaftliche, gesellschaftliche, rechtliche sowie pädagogische Rahmenbedingungen der entsprechenden Zeiträume. Sie stützte sich dabei auf 54 Interviews mit ehemaligen Heimkindern und auf eine breite Archivrecherche.

Die Studie unter der Leitung von Markus Furrer war 2010 in Auftrag gegeben worden. Im März 2011 bat die Luzerner Regierung im Namen des Kantons Betroffene von Vorkommnissen in Kinder- und Jugendheimen um Entschuldigung.[33] Nach Abschluss der Untersuchung hielt

---

29 Rede von Synodalrat Jörg Trottmann vom 23. August 2009 anlässlich der Vorstellung und Enthüllung des «Denk-Mals» Rathausen, URL: www.verdingkinder.ch/090823a_Einweihung_Denk_Mal_Ansprache_Joerg_Trottmann.pdf (08.05.2017)

30 Sandro Portmann, «Man hat ihnen nicht geglaubt»: zentralplus, 3. März 2015, URL: www.zentralplus.ch/de/news/gesellschaft/3192490/ (08.05.2017).

31 Römisch-katholische Kirche im Kanton Luzern, Studie «Hinter Mauern», URL: www.lukath.ch/studie-hinter-mauern/ (08.05.2017).

32 Akermann/Furrer/Jenzer, Bericht Kinderheime (vgl. Anm. 6).

33 Staatskanzlei Luzern, Kanton Luzern bittet Opfer um Entschuldigung: «Was passiert ist, darf sich nicht wiederholen!». Medienmitteilung vom 17. März 2011, URL: www.

der Regierungsrat im Herbst 2012 jedoch nochmals fest, dass die Handlungen der damaligen Verantwortlichen, soweit überhaupt strafrechtlich relevant, heute juristisch verjährt seien und kein Anspruch auf Entschädigung oder Genugtuung bestehe.[34]

Neben Luzern gab es ähnliche Aufarbeitungsprojekte zu kirchlichen und kirchlich geführten Kinder- und Erziehungsheimen. Parallel zu den Studien von Kanton und Katholischer Kirche in Luzern entstand die Aufarbeitung der Geschichte der Ingenbohler Schwestern in den Luzerner Heimen Rathausen und Hohenrain.[35] Ein anderes Beispiel ist der 2014 veröffentlichte Bericht zum Kloster Fischingen im Kanton Thurgau.[36]

Kirchen und kirchennahe Institutionen haben hier Verantwortung übernommen in einem Gebiet, auf dem lange Zeit niemand Verantwortung übernehmen wollte – lange Zeit zunächst auch sie selber nicht.

Der Prozess, so ein Fazit der im September 2013 stattgefundenen Tagung «Mauern durchbrechen» der Römisch-katholischen Kirche im Kanton Luzern, hat aber nicht nur mit Vergangenheitsbewältigung zu tun. Eine Vertreterin der Regionalgruppe «Verdingkinder suchen ihre Spur» in Luzern erwähnte zwar, dass es «unendlich gut getan [habe], dass Sie uns anhören und unsere Geschichten kennenlernen wollen».[37] Dane-

---

lu.ch/verwaltung/staatskanzlei/drucksachen/Mitteilungen/Mitteilungen_archiv/Medienmitteilung_Details?id=8771 (08.05.2017).

34 Staatskanzlei Luzern, Vorkommnisse in Luzerner Kinder- und Jugendheimen aufgearbeitet. Medienmitteilung vom 26. September 2012, URL: www.lu.ch/verwaltung/staatskanzlei/drucksachen/Mitteilungen/Mitteilungen_archiv/Medienmitteilung_Details?id=10312 (08.05.2017).

35 Unabhängige Expertenkommission Ingenbohl, Ingenbohler Schwestern in Kinderheimen. Erziehungspraxis und institutionelle Bedingungen unter besonderer Berücksichtigung von Rathausen und Hohenrain. Schlussbericht, Ingenbohl 2013.

36 Martina Akermann u. a., Kinderheim und Sekundarschule St. Iddazell. Historische Untersuchung. Bericht der BLG Beratungsstelle für Landesgeschichte, Zürich, zuhanden des Vereins Kloster Fischingen, unter der Leitung von Thomas Meier, Zürich 2014. Der Bericht wurde später durch den Historischen Verein des Kantons Thurgau publiziert: Martina Akermann u. a., Kinder im Klosterheim. Die Anstalt St. Iddazell Fischingen 1879–1978, Frauenfeld 2015.

37 Dominik Thali, «Eine Kultur der Achtsamkeit fördern». Tagung «Mauern durchbrechen» zur Studie «Hinter Mauern» am 27. September: Luzerner Kirchenschiff 8, 2013, 3.

ben wurde aber auch das Fazit gezogen, dass man eine «Kultur der Achtsamkeit» fördern wolle. «Aufmerksam zu werden und zu bleiben war eines der Ziele der Studie. Weil nie ausgeschlossen werden kann, dass sich solcher Machtmissbrauch wiederholt», sagte denn auch Ruedi Heim, der Bischofsvikar des Bistums Basel für den Kanton Luzern.[38]

Für die drei Luzerner Landeskirchen war die Aufarbeitung innerhalb der Römisch-katholischen Schwesterkirche zum Beispiel auch ein Anlass, den ökumenischen Leitfaden zum «Schutz vor Grenzverletzungen und sexuellen Übergriffen in der kirchlichen Arbeit» neu aufzulegen und in durch Fachpersonen begleiteten Informationsveranstaltungen den Mitarbeitenden zugänglich zu machen.[39]

Gesellschaftliches Engagement

Abschliessend sollen einige Punkte angesprochen werden, wie die Kirchen fürsorgerische Zwangsmassnahmen und Fremdplatzierungen weiterhin im gesellschaftlichen Diskurs halten und sich für die Sache der Betroffenen einsetzen können.

Ein wichtiger Schritt wurde von den in den meisten Kantonen anerkannten drei Landeskirchen unternommen, indem sie sich bereit erklärten, am Runden Tisch für die Opfer von fürsorgerischen Zwangsmassnahmen und Fremdplatzierungen mitzuwirken, sich im Rahmen des nationalen Gedenkanlasses vom 11. April 2013 zu entschuldigen und Betroffene um Vergebung zu bitten. Bischof Markus Büchel, der damalige Präsident der Schweizerischen Bischofskonferenz, der sich im Namen der drei Landeskirchen in der Schweiz geäussert hat, hat ein weiteres Versprechen abgegeben: «Ich versichere Ihnen, dass die Kirchen aus den Fehlern der Vergangenheit lernen und dass wir ehrlich bemüht sind, weiteres Unrecht und Leid zu verhindern. […] Es wird aber auch Aufga-

---

38 Ebd.

39 Christkatholische Kirchgemeinde Luzern/Reformierte Kirche Kanton Luzern/Römisch-katholische Landeskirche des Kantons Luzern (Hg.), «… respektvoll und wertschätzend miteinander umgehen.» Schutz vor Grenzverletzungen und sexuellen Übergriffen in der kirchlichen Arbeit. Leitfaden der Luzerner Landeskirchen für kirchliche Behörden, Mitarbeitende, Freiwillige und betroffene Dritte, Luzern 2013.

be der ganzen Gesellschaft, aller Institutionen und jedes Einzelnen sein, sich für die Achtung der Würde aller Menschen einzusetzen.»[40]

Daraus leitet sich eine weitere wichtige Handlungsperspektive für die Zukunft ab, die auch mit dem Begriff «Prävention» verbunden ist: Bestehende Strukturen sollten darauf untersucht werden, wo heute Gefahren für Machtmissbrauch oder falsch verstandene Fürsorge bestehen können. Zudem liegt es in der Verantwortung der Kirchen, Fragen zu Grenzverletzungen, Mobbing, sexueller Belästigung oder Gewalt angemessen zu thematisieren.

Die Kirchen können aber auch, wie das der Schweizerische Evangelische Kirchenbund (SEK) und seine Mitgliedkirchen im letzten Jahr mittels einer nationalen Kollekte gemacht haben, auf die Thematik aufmerksam machen und zur Solidarität aufrufen. Sei dies über Medienerzeugnisse für Mitglieder oder Mitarbeitende, sei dies durch eine Veranstaltung wie die Tagung des SEK zur Rolle der reformierten Kirchen in der damaligen Heim- und Verdingkinderpraxis, sei dies durch Publikationen. Gerade für die protestantischen Kirchen ist es wichtig, ihre Rollen – und diese dürften sehr vielschichtig gewesen sein – in der Fremdplatzierungs- und Zwangsmassnahmenpraxis zu klären. «Ihr Reformierten habt da ja weniger Probleme», hört man zum Beispiel in der Diaspora im katholischen Umfeld, weil in der Region Luzern keine protestantisch geführten Kinderheime existierten. Hier dürfte der Aufarbeitungsprozess, wo er nicht schon angestossen wurde, mithelfen, ein klareres Bild der damaligen Situation im Blick auf die reformierten Kirchen in der ganzen Schweiz zu erhalten.

Zusammenfassung

Abschliessend können die genannten Handlungsmöglichkeiten wie folgt zusammengefasst werden:

– Zunächst sollten die Kirchen darauf hinarbeiten, die Aufarbeitung ihrer Rollen in der Verding- und Heimkinderpraxis zu ermöglichen,

---

40 Rede von Bischof Markus Büchel vom 11. April 2013 anlässlich des Gedenkanlasses für ehemalige Verdingkinder und Opfer von fürsorgerischen Zwangsmassnahmen, URL: www.fuersorgerischezwangsmassnahmen.ch/pdf/Buechel_de.pdf (08.05. 2017), 2.

indem sie ihre Quellenbestände erhalten, die für Ablage und Archive verantwortlichen Personen sensibilisieren und den Zugang zu diesen Quellen für die Forschung und für die Betroffenen und ihre Angehörigen im Rahmen der geltenden Gesetze ermöglichen.

- In diesem Zusammenhang können Aufarbeitungsprojekte unterstützt und gefördert werden, seien es nun kirchen-spezifische Untersuchungen wie dies zum Beispiel im Kanton Luzern durch die Römisch-katholische Kirche bereits gemacht wurde, seien es Oral-History-Projekte in der eigenen Region, seien es Untersuchungen im Rahmen der wissenschaftlichen Aufarbeitung durch die UEK Administrative Versorgungen oder eines anderen Forschungsprojekts.
- Die Kirchen können unabhängige Anlaufstellen definieren oder selber einrichten beziehungsweise mit Institutionen mit Erfahrungen in diesem Bereich zusammenarbeiten. Zudem sollten sie ihre Mitarbeitenden auf Anliegen und Rechte von Betroffenen sensibilisieren.
- Wichtig ist, dass Seelsorgende und Sozialarbeitende der Kirchen wissen, wie sie Betroffenen, die an sie gelangen, begegnen können und wie sie Menschen zum Beispiel bei der Aufarbeitung der persönlichen Geschichte weitergehend unterstützen können.
- Die Kirchen können ihre Stellung und ihre Stimme in der Gesellschaft für die Sache der Betroffenen und Opfer fürsorgerischer Zwangsmassnahmen und Fremdplatzierungen einsetzen.
- Die Kirchen sollten nicht zuletzt präventiv arbeiten, wenn es zum Beispiel heute um Fragen von Machtmissbräuchen oder Grenzverletzungen geht.

Die Kirchen – und stellvertretend für die protestantischen Kirchen der SEK – haben Interesse an der Aufarbeitung gezeigt, sich am Runden Tisch aktiv eingegeben und sich für den Soforthilfefonds zu Gunsten notleidender Betroffener eingesetzt. Das waren wichtige Schritte.

Eine Aufarbeitung, wie sie zurzeit läuft, versucht, eine breite Analyse vorzunehmen, die es uns ermöglicht, «Geschehnisse im zeitlichen Kontext zu deuten».[41] Eine zusätzliche Chance der Kirchen ist in diesem

41 Akermann/Furrer/Jenzer, Bericht Kinderheime (vgl. Anm. 6), II.

Prozess, dass sie Betroffenen direkt begegnen können, wenn diese es wünschen; dass sie einen Einzelfall ernst nehmen können und dieser nicht einfach Teil einer Untersuchung bleibt; dass sie in Seelsorge, Gespräch, öffentlichen Anlässen oder Publikationen zeigen können, dass ihnen die Aufarbeitung wichtig ist, sie nötigenfalls für begangene Schuld gerade stehen und sich auch heute gegen Missbräuche verschiedenster Art einsetzen.

Wichtig bleibt deshalb für kirchlich Engagierte, dass sie Konsequenzen aus der Aufarbeitung ziehen. Markus Ries, Professor für Kirchengeschichte an der Universität Luzern und Herausgeber der Studie «Hinter Mauern», hat es wie folgt formuliert: «Für die Kirche ergeben sich aus ethischer und pastoraltheologischer Sicht zahlreiche Konsequenzen, die aus der Erfahrung zu ziehen sind. Im Vordergrund steht die Anerkennung der Opfer und ihrer Situation, das Gespräch mit ihnen auf Augenhöhe und das Benennen von Schuld und Schuldigen. Im grösseren Rahmen drängt sich die grundlegende Kritik an Herrschaft und Herrschaftsverhältnissen auf, dies schon allein im Blick auf die Tatsache, dass die Kirche ihren auftragsgemässen Platz an der Seite der Schwachen und Verwundeten hat und dass sie ihre Sendung verrät, wenn sie sich mit den Herrschenden einlässt. […] Im Blick auf die Schatten des Geschehenen liegt es an der Kirche, Verantwortung wahrzunehmen und selbst zu einem Ort der Versöhnung zu werden.»[42]

---

42 Ansprache von Markus Ries vom 26. September 2012 anlässlich der Präsentation der Forschungsergebnisse zu Fürsorge und Gewalt in kirchlich geführten Erziehungsanstalten im Kanton Luzern, URL: www.lu.ch/downloads/lu/sk/mm/ 10312_20120926_ries-ref.pdf (08.05.2017), 2.

Enfants placés de force – actions politiques

Manuel Tornare

Les enfants placés : de la dignité retrouvée

Jusqu'en 1981, combien d'enfants, d'adolescents, filles ou garçons, gens du voyage ou autres, ont subi des mesures de coercition à des fins d'assistance ou ont été placés dans des foyers, des exploitations artisanales ou agricoles, ou par décision administrative, dans des établissements fermés. Certaines ont été contraintes à une stérilisation ou à un avortement. Cette période sombre de l'Histoire suisse nécessita (ce combat n'est pas terminé) une reconnaissance officielle de ces atrocités, de cette honte, par nos autorités politiques. Reconnaître, ce n'est pas effacer, mais c'est redonner de la dignité à cette cohorte de malheureux, disparus ou encore en vie. Ils seraient encore 22 000 selon les experts.

Reconnaître

La conseillère Simonetta Sommaruga a présenté les excuses du Gouvernement suisse pour l'injustice subie par ces victimes lors d'une cérémonie commémorative qui eut lieu à Berne en avril 2013. De son côté, le Parlement a élaboré une loi, adoptée en mars 2014, sur la réhabilitation des personnes placées par décision administrative. La loi entend rendre justice aux personnes qui ont été internées par les autorités administratives dans des institutions, hors de toute procédure judiciaire, pour des motifs tels que la « fainéantise », la « vie déréglée » ou le « libertinage ». Leur réhabilitation passe par trois mesures:

- reconnaître l'injustice qui leur a été faite ;
- consacrer une étude scientifique à ce chapitre douloureux de l'Histoire suisse (création d'une commission ad hoc) ;
- obliger la Confédération, les cantons, les communes à archiver les dossiers de placement ; cela permettra aux intéressés de pouvoir les consulter gratuitement et plus facilement.

L'histoire du placement des enfants en Suisse n'a jamais fait l'objet d'une analyse complète, même si certains chapitres particulièrement sombres devraient être approfondis ! Malgré quelques initiatives, ce sujet est resté tabou pendant trop longtemps.

Cadre juridique

Le placement d'enfants en Suisse n'est réglementé que depuis 1978 et à un degré minimal par le Code civil. C'est l'art. 316 du Code civil qui constitue la base pour l'Ordonnance du 19 octobre 1977 sur le placement d'enfants (OPE). L'OPE établit les fondements de l'obligation d'autorisation pour « le placement d'enfants hors du foyer familial ». Toutes ces dispositions juridiques (par exemple les art. 294 et 300 du CC) marquent un progrès réel dans la protection des enfants et sont aussi une sorte de reconnaissance de la vacuité ou de l'absence des dispositions antérieures! En vertu de l'OPE, les cantons peuvent aussi déléguer la compétence d'accorder l'autorisation et d'exercer la surveillance à d'autres instances adéquates ; ils sont même habilités à édicter des dispositions pour compléter celles de l'Ordonnance fédérale. Ces avancées dans le domaine juridique vont donc dans le bon sens, même si elles ont été lentes et sont encore partielles.

La société civile réagit

On le sait, c'est souvent en raison de la réaction de la société civile, depuis le début des années septante, que les autorités politiques ont été contraintes de réagir. Les histoires d'enfants placés sont devenues depuis ces années-là un thème médiatique, souvent avancé par d'anciens enfants placés. En Suisse alémanique, un film comme «Turi», de Wohlwend et Müller, sur l'enfance de l'écrivain saint-gallois Arthur Honegger, a fortement contribué à sensibiliser l'opinion publique. Les historiens, les écrivains, les médias y ont aussi largement contribué. En Suisse comme à l'étranger, souvenons-nous de l'impact du film britannique, oscarisé, «Philomena» (histoire d'un enfant placé irlandais).

Bref, colloques, conférences, débats, etc. ont alimenté les arguments pour que la reconnaissance de cette problématique soit prise enfin en considération. Saluons le colloque organisé par la Fédération des Églises protestantes de Suisse (FEPS) le 21 mars 2016, à Berne, sur «le rôle des Églises réformées dans les placements forcés d'enfants ». J'y suis intervenu modestement, en tant qu'élu fédéral, en y faisant part des avancées de la reconnaissance par les autorités politiques de l'injustice faite aux enfants placés.[1] Ce colloque s'est tenu avant les débats au Parlement sur l'initiative populaire « Réparation de l'injustice faite aux enfants placés de force et aux victimes de mesures de coercition à des fins d'assistance». On le sait : cette initiative demandait 500 millions de francs en faveur des victimes d'avant 1981, ainsi qu'une étude scientifique indépendante sur ce sujet. Le Parlement a décidé de soutenir le contre-projet du Conseil fédéral demandant de verser 300 millions de francs aux victimes d'avant 1981, avec également une étude sur les causes et l'étendue de ces pratiques ainsi qu'un accès facilité aux archives. La décision du Parlement semble enterrer l'initiative populaire, ce compromis étant salué de toutes parts.

Il conviendra à l'avenir de veiller à ce que les décisions prises par le Parlement soient appliquées rapidement et sans restriction ; il en va de l'honneur de notre pays. Cela dit, ces placements abusifs et honteux subsistent dans des conditions atroces et révoltantes dans de nombreux pays, même proches. Ce combat pour une dignité retrouvée mérite encore toute notre attention.

---

1 À la suite du Colloque de la FEPS, je suis intervenu en tant qu'ancien maire de Genève pour sensibiliser le Parlement de la Ville afin qu'il participe financièrement au fonds d'entraide.
La discussion est en cours dans une commission. Remercions le parlementaire municipal Sylvain Thévoz d'avoir joué un rôle important et efficace comme intermédiaire.

Autorinnen und Autoren

Pierre Avvanzino, professeur honoraire HES, né en 1940. Huit années comme éducateur spécialisé auprès de délinquants mineurs, deux années comme expert Unicef pour la réhabilitation d'enfants. Trente années comme chercheur et professeur, spécialisé dans l'histoire des institutions et des idées pédagogiques.

Florian Fischer, lic. phil. hist., Jahrgang 1983, ist Historiker und arbeitet als wissenschaftlicher Archivar im Staatsarchiv des Kantons Zürich. Seit 2012 ist er Mitglied des Synodalrates der Evangelisch-Reformierten Landeskirche des Kantons Luzern.

Esther Gaillard, née en 1958, siège au Conseil synodal de l'Église Évangélique Réformée du canton de Vaud (EERV) depuis 2009, dont 5 années comme présidente dans la législature précédente entre 2009–2014. Elle est également au Conseil de la Fédération des Églises Protestantes de Suisse (FEPS) depuis 2015.

Ernst Guggisberg, Dr. phil., MAS ALIS, Jahrgang 1982, ist Historiker und promovierte über das Thema «Pflegekinder. Die Deutschschweizer Armenerziehungsvereine 1848–1965». Er arbeitet im Staatsarchiv des Kantons Thurgau und bei der Unabhängigen Expertenkommission Administrative Versorgungen.

Simon Hofstetter, Pfr. Dr. theol., Jahrgang 1981, ist wissenschaftlicher Mitarbeiter an der Dozentur für Diakoniewissenschaft der Theologischen Fakultät der Universität Bern sowie Beauftragter für Recht und Gesellschaft beim Schweizerischen Evangelischen Kirchenbund SEK.

Thomas Huonker, Dr. phil. I, Jahrgang 1954, Zürich, ist Historiker und Autor diverser Bücher über Jenische, Sinti und Roma, «Eugenik» sowie fürsorgerische Zwangsmassnahmen. Er ist Mitglied der Unabhängigen Expertenkommission zur wissenschaftlichen Aufarbeitung der administrativen Versorgungen in der Schweiz vor 1981.

Lukas Künzler, M. A., Jahrgang 1987, Assistent und Doktorand an der Universtät Bern, promoviert bei Prof. Dr. Barbara Mahlmann-Bauer an der Forschungsstelle Jeremias Gotthelf zur sozial-politischen Publizistik von Albert Bitzius.

Loretta Seglias, Dr. phil., Jahrgang 1975, ist Mitglied und Forschungsleiterin der Unabhängigen Expertenkommission zur wissenschaftlichen Aufarbeitung administrativer Versorgungen und freischaffende Historikerin.

Manuel Tornare, licencié ès Lettres, né en 1951, est Conseiller national et ancien Maire de Genève.